Manche mögen´s heiß...

Aufgrund meiner langjährigen Teilnahme an internationalen Grillmeisterschaften, lernte ich viele Menschen, die sich mit großem Engagement dem Zubereiten von Speisen am heißen Rost widmen, persönlich kennen.
Der kommunikative Aspekt, der Grill- und Barbecue-Fans unabhängig von Ländern und Sprachen verbindet, war Faszination und Triebfeder für mich, die „Erste Österreichische Grill- und Barbecue Schule" zu gründen, um so dieses positive und offene Lebensgefühl weiter zu tragen. Wenn Gastgeber zu relaxten Gästen und Gäste zu fantasievollen Grillern werden und keine lästigen Küchengänge mehr die Gartenrunde unterbrechen, dann nennt man das gesellige Kochvergnügen einfach „Barbecue ... anger-schar der ... Barbecue-Fans von Jahr zu Jahr größer, die auf der Terrasse oder auf liebevoll gestalteten Grillplätzen im Garten ihrem Hobby nachgehen.

Ich wünsche euch beim Lesen und Ausprobieren viel Spaß und gutes Gelingen und hoffe, viele von euch in meiner Grill- und Barbecue-Schule persönlich begrüßen zu können, wenn es dann heißt:
„Hot coals, cool fingers, no smoke in the eyes and make friends around the world with fire, food and fun!"

Euer
Adi

Am Anfang war das Feuer

Grillen ist nahezu so alt wie die Menschheit selbst. Archäologische Funde und historische Erkenntnisse lassen den Schluss zu, dass schon vor etwa 400.000 Jahren Grillen zu den Beschäftigungen unserer Vorfahren gehörte.

Es gibt zwei Definitionen des Wortes Barbecue: Eine besagt, dass wir den Ausdruck den Ureinwohner Haitis zu verdanken haben, die damit die Tätigkeit umschrieben, die das Braten von Fleisch über offenem Feuer umfassen; die andere Definition besagt, dass im siebzehnten Jahrhundert Trapper-Pioniere ganze Bisons „Barbe-à-queue", das heißt vom Bart bis zum Schwanz, über Holzfeuer garten.
Bereits drei Viertel unserer Bevölkerung sind Grillfans und gehen diesem Vergnügen zumindest gelegentlich nach. Und die Beliebtheit dieses neuen Volkssportes steigt stetig, vor allem durch die flexiblen Zubereitungsmöglichkeiten durch die neue Generation von Grillgeräten.

Wer steht denn nun am Grill?

Ob jung oder alt, ob Single oder Großfamilie, ob arm oder reich, gegrillt wird überall, wo Menschen Spaß am Genuss haben. Grillen verbindet somit alle Bevölkerungsschichten. Auch Frauen sieht man nun immer öfter beim Grillen, einer einstigen Männerdomäne.

Grillen oder Barbecue?

Der Begriff „Grill" kommt aus dem Englischen und bedeutet „Rost" oder „Gitter". Grillen ist also das Zubereiten des Grillgu-

Tipps vom Champion:

Wussten Sie schon, dass durch das Vitamin C aus Gemüsen und Salaten das hochwertige im Fleisch vorhandene Eisen noch besser verwertet werden kann. Viel Vitamin C befindet sich unter anderem in Paprika, Kräutern wie Schnittlauch, Kartoffeln etc.

tes direkt über der Hitzequelle. Das Garen geschieht unter Bräunung durch direkte Strahlungs- oder Kontaktwärme. Im Gegensatz dazu wird beim „Barbecue“ das Grillgut seitlich von der Hitzequelle gegart. Das Garen geschieht hier durch die sanftere, indirekte Strahlungswärme.

So gesund ist Grillen

Jeder, der Wert auf gesunde und ausgewogene Ernährung legt, achtet auf sparsamen Umgang mit Fett sowie auf kurze und fettarme Zubereitungsarten. Grillen ist aus ernährungswissenschaftlicher Sicht eine diesen Ansprüchen entgegenkommende Garmethode. Das Grillgut erreicht an seiner Oberfläche hohe Temperaturen, dadurch gerinnt Fleischeiweiß, die Kohlenhydrate karamellisieren und es bildet sich rasch eine Kruste. Dieses Schließen der Poren verhindert, dass Fleischsaft, Nährstoffe und Geschmacksstoffe austreten, das Fleisch kann sozusagen schonend „im eigenen Saft“ garen. Damit liegt Grillen voll im Trend der fettarmen Ernährung, bei der möglichst viele wertvolle Inhaltsstoffe erhalten bleiben. Und obendrein gelingt das Grillgut besonders schmackhaft.

Abwechslung schmeckt und ist gesund

Auch wenn das Fleisch im Vordergrund steht, sollten Gemüse und knackige Salate bei keiner ausgewogenen Grill- und Barbecuemahlzeit fehlen.

Grillen und Barbecue – immer mehr ein Volkssport?

Weil beim Grillen für jeden Genießer-Typen etwas dabei ist:

Zeit sparen mit Genuss

Grillen kann für Eilige sehr schnell gehen; mit Gas gibt es Hitze auf Knopfdruck; die Bequemlichkeit durch schmackhafte fertige Gewürzmischungen und Marinaden; schnelle Zubereitungszeit von Kleinstücken und Tranchen; einfaches Single-Menü; pikante Fertigsaucen und Brot zum Tunken dazu – fertig;

Zeit nehmen für Genuss

Grillen kann man bis auf Haubeniveau zelebrieren; Holzkohlegrill hat Lagerfeuerromantik; Verwendung von frischen Kräutern und Pfeffer aus der Mühle, das Ausprobieren von vielen neuen Rezepten, längere Garzeit von Großstücken und Mehlspeisen vom Grill; marinieren über 24 Stunden und länger, ausgefallene Beilagenkreationen und viele verschiedene selbstgemachte Saucen zum Dippen, geselliges Beisammensitzen im Kreise von Familie und Freunden.

Meist werden viele dieser verschiedenen Vorteile gemischt angewendet. Aus dieser individuell abwandelbaren Mischung begründet sich der Erfolg von Grillen und Barbecue. Darum beginnt sich das Grillen immer mehr als Lifestyle und Lebensgefühl zu etablieren.

Grill-Theorie – alles vom Grillen

Hardware für Grillfieber

Griller

Das Angebot an Grillgeräten ist vielfältig. Generell lassen sich Griller nach der Energiequelle (Kohle, Gas, Strom) und nach der Anordnung der Hitzequelle (Kontaktgriller oder Strahlungsgriller) unterscheiden.

Hierzulande wird mit Abstand am liebsten mit dem Holzkohlegrill gewerkt. Wie kein anderer vermittelt er die typische Lagerfeuer-Romantik.

Immer beliebter wird auch der Gasgriller mit seiner sauberen Energiequelle. Während die Verwendung von Elektrogrillern beim Outdoor-Grillen rückläufig ist, werden diese Geräte oft im Innenbereich (Raclette etc.) eingesetzt.

Einem neuen Trend zufolge verbreiten sich immer mehr Barbecue-Smoker (Räucheröfen) am Markt.

Tipp: Holzkohle oder Gas?

Ihre Entscheidung sollte auf Ihren persönlichen Vorlieben basieren. Wer gern mit Feuer hantiert und den ursprünglichen Start des Kohleanzündens liebt, für den ist das Warten auf fertige Holzkohleglut bereits das halbe Vergnügen.

Auch wenn Gasgriller oft teurer in der Anschaffung sind, so sind sie ausgesprochen preiswert und sparsam im Betrieb. Möchten Sie spontan etwas auflegen? Ein Gasgrill ist innerhalb weniger Minuten mit einem einzigen Knopfdruck und einer simplen Temperaturwahl betriebsbereit. Gasgrillers sind ferner einfacher zu reinigen.

Empfehlenswert ist der universell einsetzbare Kugelgrill mit Deckel. Mit einem Deckel haben Sie die perfekte Kontrolle über die Hitzeentfaltung, und sie können Ihren Grill im Barbecue-Stil verwenden. Aber auch vor Wind und Wetter schützt der Deckel Ihr kostbares Grillgut.

Achten Sie auf einen vernickelten Grillrost, der sich leicht reinigen lässt und dem Rost widerstehen kann. Alle Handgriffe sollten handwarm bleiben und wetterfest sein.

Tipp:

Achten Sie beim Kauf eines Grillgerätes auf folgende Kriterien:

- standfester und stabiler Aufbau
- leichte Bedienbarkeit und Reinigung
- Möglichkeit zur Hitzeregulierung
- Deckel für Garraumschaffung
- Verarbeitung solider Grundmaterialien

Grill-Theorie – alles vom Grillen

Die richtige Kleidung

Wer sich einmal die Finger verbrannt hat, der vergisst sie nie mehr: die Handschuhe. Diese sollten die Hände und Arme vor der Hitze schützen und dementsprechend lang sein. Die Temperatur von glühender Holzkohle erreicht 800°C. Die Oberseite des Grillgutes weist immer noch 130 bis 180°C auf! Eine Grillschürze schützt Ihre Kleidung (und auch das „Darunter"!). Diese sollte aus Baumwolle bestehen, da synthetische Fasern im Brandfall in sekundenschnelle mit dem Körper verschmelzen können. Eine Kopfbedeckung schützt Haupt und Haar vor herumwirbelnden Glutpartikeln und nicht zuletzt auch vor der Sonne.

Tipp:

Vergessen Sie beim Grillen nicht auf ausreichende Flüssigkeitszufuhr. Meist wird bei schönem Wetter gegrillt, und sowohl durch die Hitze des Grills als auch durch die Sonneneinstrahlung verliert der Körper Flüssigkeit.

Zum Arbeiten ...

... schaffen Sie sich am besten eine brauchbare Arbeitsfläche in unmittelbarer Nähe des Grills. Ein ausreichend großes und zusätzlich ein kleineres Brett (z.B. für Geflügel) sowie ein größeres und ein kleineres, gut geschärftes Messer, sollten darauf Platz finden.

Grillbesteck

Es sollte aus soliden Material und möglichst langstielig sein. Beim Hantieren mit dem Fleisch ist der Grillzange unbedingt der Vorzug vor der Grillgabel zu geben, da ein Anstechen des Fleisches den Saft austreten lässt, und das Grillgut so trockener wird.
Einen Pinsel brauchen Sie, um das Grillgut mit Öl oder Marinade zu bestreichen. Dieser sollte aus Naturborsten oder Silikon bestehen.
Eine Wendeschaufel hat sich für Gemüse, Fisch, Pizza etc. bewährt.

Alufolie

Sie brauchen die Alufolie, um sensibles Grillgut, wie etwa Fisch oder Gemüse, vor dem Verbrennen zu bewahren. Fleisch lässt sich in Alufolie noch schonender (Dampfsperre) garen. Bei besonders fetten Stücken wird verhindert, dass Fett in die Glut tropft. Nach dem Grillen soll das Fleisch noch etwas rasten; einfach mit Alufolie bedecken, so hält es die Wärme.

Alu-Grill-Tassen

Sie erfüllen im Wesentlichen die gleiche Aufgabe wie die Alufolie, haben aber den Vorteil, dass sie besonders praktisch in der Anwendung sind. Auch klein geschnittenes Gemüse lässt sich in einer Alu-Grill-Tasse bestens wenden ohne durch den Rost zu fallen. Verwenden Sie die Grilltassen der Umwelt zuliebe mehrmals.

Fleischthermometer

Auch der Laie sieht mit einem Fleischthermometer, wann bei größeren Bratenstücken der optimale Garzeitpunkt erreicht ist.

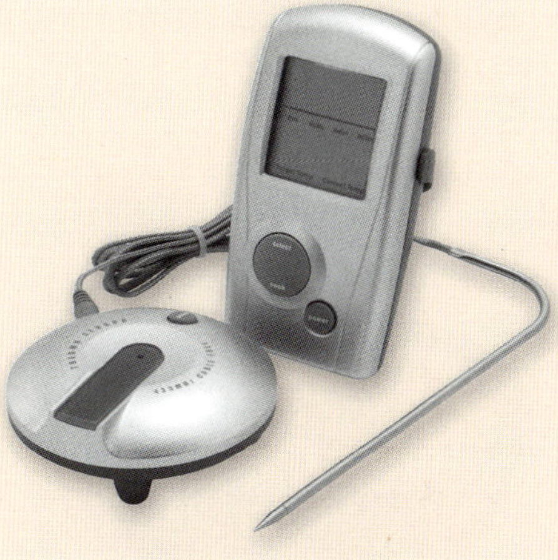

Heizmaterial

Abgesehen vom Grillen mit Holz und Gas unterscheidet man beim Brennmaterial zwischen Holzkohle und Holzkohlebriketts.
Briketts haben in der Regel einen höheren Heizwert als herkömmliche Grillkohle. Die gepressten Briketts sind gleich groß, fallen nicht durch den Kohlerost und verursachen weniger Asche. Außerdem strahlen sie eine sehr gleichmäßige und länger anhaltende Hitze ab – die Gefahr von Hitzeherden, die für verbrannte Stellen verantwortlich sind, wird vermieden.
Gasgriller werden mit sogenanntem Flüssiggas betrieben. In der Vorratsflasche wird das Gas über Druck flüssig gehalten. Bei den neuartigen Gasflaschen ist der verbleibende Gasinhalt von außen ersichtlich.

Tipp:

Für alle Sparmeister: Sie fahren besser, wenn Sie Briketts bester Qualität verwenden. Aufgrund der ergiebigeren Glut sparen Sie an Menge und haben weniger Asche. Für alle, die einen Griller mit Deckel besitzen: Durch Stoppen der Luftzufuhr (Öffnungen am Boden und am Deckel schließen) ersticken Sie die Glut. Die noch nicht verglühten Briketts können Sie fürs nächste Grillfest verwenden und mit frischen Briketts vermischt nochmals entzünden.

Grill-Theorie – alles vom Grillen

Warmhalte-Rost

Ein Rost, der dem eigentlichen Grillrost aufgesetzt wird. Großartig zum Grillen von Gemüse oder Aufbacken von Brot und zum Rasten lassen Ihres Grillgutes geeignet.

Holzkohlehalter

Halten die Briketts oder Grillkohle zum indirekten Grillen an den Seiten des Grillkessels.

Klapp-Grillrost

Aufklappbare Seitenteile erlauben bei diesem Rost einfaches Nachlegen von Holzkohlebriketts zum indirekten Grillen, das manchmal über mehrere Stunden gehen kann.

Wok

Dem aktuellen Trend der asiatischen Küche entsprechend werden neuerdings Wok-Schüsseleinsätze für Griller angeboten. Das ist eine neue Idee um die asiatische Küche in den Garten zu bringen. Im Wok lässt sich auch jedes beliebige Pfannengemüse zubereiten.

Jetzt wird's heiß! Wie Sie Ihren Griller am besten zum Glühen bringen

Wer mit Holz grillt, muss das Lagerfeuer schon bis zwei Stunden vor Grillbeginn anheizen, so lange braucht das Holz, bis es durchglüht. Verwenden Sie nur harzarmes Hartholz wie Buche, Eiche oder Birke. Die Scheite sollten etwa gleich groß sein.
Holzkohle und Holzkohlebriketts brauchen je nach Art des Anzündens zwischen 20 und 45 Minuten bis zur Weißglut.

Tipp:

Für den Fall der Fälle sollte man einen Eimer Sand griffbereit haben, um etwaige Flammen zu ersticken. Verwenden sie kein Wasser zum Löschen, die heißen Spritzer und der heiße Dampf, die dadurch entstehen, können Brandwunden verursachen.

Anzünd-Tipps vom Champion

Pyramide

Die Holzkohlebriketts werden pyramidenförmig am Kohlerost angehäuft. In die Pyramide werden leicht zugänglich 3 Anzündwürfel eingebaut und entzündet. Die Briketts müssen gleichmäßig durchbrennen. Das dauert bis zu 45 Minuten. Sobald sie rot glühen und überall von einer feinen, weißen Ascheschicht bedeckt sind, kann man die Glut auf dem Kohlerost verteilen. Erst einige Minuten beruhigen lassen und dann das Grillgut auflegen.

Anzündkamin

Ideal ist die Verwendung eines Anzündkamins. Und so funktioniert es: Den Metallzylinder mit Briketts gänzlich befüllen. Zwei Anzündwürfel auf dem Kohlerost (oder einer sonstigen feuerfesten Unterlage) entzünden, den befüllten Kamin auf die Anzündwürfel stellen und ca. 20 Minuten durchglühen lassen. Die Glut auf dem Rost verteilen, etwas beruhigen lassen und los geht's. Auf diese Weise kann auch bei Bedarf Glutnachschub erzeugt werden.

Direkt oder indirekt - zwei Arten des Grillens

Die direkte Grillmethode (direkt über der Glut) ist vor allem für portionierte Grillstücke geeignet.

Direkter Kugelgrill

Bei der direkten Grillmethode wird das Grillgut direkt über der Wärmequelle gegrillt. Diese Methode ist in erster Linie für portionierte Grillagen geeignet, welche kurze Garzeiten haben, wie Steaks, Koteletts, Würstchen, Spieße und rasch gegarte Gemüsesorten. Mit der direkten Grillmethode können Sie Ihr Grillgut auch scharf anbraten. Das erzeugt eine schöne karamellisierte Kruste mit intensivem Aroma.

Mit der indirekten Grillmethode (Glut seitlich, Deckel drauf) sind herzhafte Bratenstücke, ganze Hendl und auch Mehlspeisen vom Grill kinderleicht zuzubereiten.

Indirekter Kugelgrill

Beim indirekten Grillen liegt das Grillgut seitlich neben der Hitzequelle. Dafür eignen sich Griller mit Deckel und seitlich angeordneter Hitzequelle. Die aufsteigende Hitze, reflektiert durch den Deckel und der Innenfläche des Grills, grillt Ihr Grillgut gleichmäßig von allen Seiten. Die zirkulierende Hitze arbeitet wie ein Umluftofen, Sie brauchen das Grillgut nicht wenden. Die indirekte Grillmethode ist ideal für größere Grillagen mit längerer Garzeit oder empfindliches Grillgut.

Der Grillrost muss wirklich heiß sein, sonst bleibt das Grillgut am Rost kleben, und die Poren schließen sich nicht. Machen Sie einfach mit einem kleinen Stück Fleisch eine Probe. Bestreichen Sie den heißen Rost vor dem Auflegen des Grillgutes noch leicht mit ölgetränktem Küchenpapier.

Tipp:

So prüft man die Hitze: Handfläche ca. 10 cm über den Grillrost halten. 21 – 22 zählen – wenn man bei 22 die Hand wieder zurückziehen muss, passt die Temperatur zum Auflegen.

Grillen von großen Bratenstücken liegt voll im Trend

Diese Methode ist sehr einfach und absolut stressfrei. Am besten eignet sich dazu ein Grillgerät mit Deckel (z.B. ein Kugelgriller) mit indirekter Hitzequelle. Und so geht's:

1. Unter dem Braten, der auf dem Rost liegt, eine Abtropftasse (Aluschale) und seitlich davon reichlich Glut platzieren (z.B. in Holzkohlehaltern).

2. Das gewürzte Bratenstück direkt über der Glut rasch angrillen. Der Profi spricht vom „Anschießen". Dabei schließen sich die Poren, und der Braten bleibt saftig. Danach das angebräunte Fleischstück von der direkten Glut weg über die Abtropfschale geben (eventuell in Alufolie wickeln) und den Deckel aufsetzen. Ein Wenden des Bratens ist nicht notwendig.

3. Die Hitzeregulierung geht auch ganz einfach: Die Abluftöffnungen am Deckel immer ganz geöffnet lassen (Kamineffekt).

4. Mit den Zuluftöffnungen an der Unterseite des Geräts wird die Hitze reguliert (öffnen = mehr Hitze, schließen = weniger Hitze). Wer einen geschlossenen Grill mit Thermometer hat, kann die Temperatursteuerung direkt überprüfen.

... und rauf damit!

Gesundes Grillen – bleiben Sie gesund

Um zu verhindern, dass Fleischsaft und Fett in die Glut tropfen, gibt es mehrere Möglichkeiten:
Indirekte Grillmethode, bei der das Grillgut nicht direkt über der Glut liegt.
Sie können Grilltassen aus Aluminium verwenden.
Wer bei mageren Fleischteilen die Poren rasch geschlossen hat, vermeidet somit, dass Fleischsaft abtropft.

XXL-Steaks

Angaben für ca. 5 cm dicke Steaks

1. Das Steak auf dem heißen Rost direkt über der Glut ca. 2 Minuten pro Seite angrillen. So schließen sich die Fleischporen, das Steak bleibt saftig, und zudem erhält man eine schöne Bräunung.

2. Danach das Steak von der direkten Hitze über der Glut wegschieben und bei ca. 180° bis 200°C (am besten in einer Alutasse oder in Alufolie, die man indirekt am Grillrost platziert) ca. 12 bis 15 Minuten durchziehen lassen.

3. Anschließend noch einige Minuten warm „rasten“ lassen.

Wendepunkt bei Tranchen – „Wenn der Saft aus den Poren steigt“

Die Dauer des Grillvorgangs hängt im Wesentlichen von der angestrebten Garstufe ab. In jedem Fall aber müssen direkt gegrillte Tranchen, ob Rindfleisch, Schwein oder Lamm, gewendet werden.

1. Der richtige Zeitpunkt für das Wenden ist gekommen, wenn sich die Oberseite des Fleisches zu zerklüften beginnt und sich Tröpfchen bilden, also „der Saft aus den Poren steigt“.

2. Nach dem Wenden ist der richtige Zeitpunkt fürs Salzen gekommen.

3. Auch auf der zweiten Seite wird gewartet, bis der Saft aus den Poren steigt, diesmal geht es allerdings etwas schneller.

4. Nach dem Grillen lassen Sie das Grillgut einige Minuten in Alufolie eingeschlagen rasten, damit sich der Fleischsaft wieder im Fleisch verteilen kann und das Fleisch zarter wird.

Durch oder nicht durch?

Garstufenermittlung

Im Gegensatz zu Geflügel-, Schweine- oder Kalbfleisch, das idealerweise ganz gar gegrillt wird, stellt sich beim Rindfleisch die Frage nach der gewünschten Garstufe:

Man unterscheidet 4 verschiedene Garstufen, die Sie anhand eines Drucktests mit dem Finger und bestimmter optischer Kriterien leicht selbst erkennen können:

Rare - im Kern noch roh:
Das Fleisch fühlt sich weich an, es federt stark. Optisch erkennt man dieses Stadi-

um daran, dass sich die Fleischfasern zu verändern beginnen.

Medium - schon rosa im Kern:
Das Fleisch ist elastisch und gibt leicht federnd nach. Hier beginnt Fleischsaft aus

den Pore zu treten („Wenn der Saft aus den Poren steigt"). Bei einem Testschnitt erscheint die Anschnittfläche deutlich rosa-orange.

Well done - durchgegarte Optik:
Hier tritt der Fleischsaft schon verstärkt aus. Bei einem Testschnitt erscheint die

Anschnittfläche optisch grau und durch. Lässt man aber die Schnittfläche einige Minuten unberührt, so erscheint ein zartoranger schmaler Kern. Diese Kompromiss-Variante ist noch empfehlenswert.

Auch im Inneren durchgegart:
Das Fleisch ist hart. Aus kulinarischer Sicht ist dies die am wenigsten günstige Variante, was die Zartheit und die Saftigkeit als Qualitätskriterium von Grillfleisch betrifft.

Tipp:

Lassen Sie das Fleisch vor dem Servieren am besten in einer Grilltasse, die Sie mit Alufolie abdecken, an einem weniger temperierten Bereich des Grillers noch etwa drei bis fünf Minuten rasten.

Denn durch die Hitze beim Grillen wird auf die Fleischfasern großer Druck ausgeübt. Schneidet man ein vom Grill genommenes Fleisch sofort an, so rinnt der Fleischsaft aus, das Fleisch wird trocken und verliert an Geschmack. Eine kurze Rastzeit sorgt dafür, dass sich der Saft wieder gleichmäßig im Fleisch verteilt, sodass es beim Anschneiden saftig und zart ist.

Fleischliche Genüsse – richtig eingekauft

Wahl ohne Qual

Fürs Grillen oder Barbecue lässt sich jede Art von Fleisch verwenden. Egal ob vom Rind, Schwein, Lamm, Kalb oder Geflügel, ausschlaggebend ist nur der persönliche Geschmack. Allerdings steht und fällt der Erfolg beim Grillen mit der Fleischqualität, kaufen Sie deshalb beim Fleischer Ihres Vertrauens, der Ihnen auch bei Sonderwünschen gerne behilflich ist.
Generell gilt: Alles was man in der Pfanne kurz braten kann, kann man auch grillen.

Qualitativ hochwertiges Fleisch ...

... darf ruhig etwas „durchzogen“ sein:
Zum Grillen soll das Fleisch zart marmoriert sein. Darunter versteht man eine leichte Fettmaserung im Muskel, die sich beim Grillen ausbrät und dafür sorgt, dass das Fleisch saftig und g'schmackig bleibt. Auch ein leichtes Fettranderl schützt das Fleisch vor Austrocknung.

... sollte richtig gereift sein:
Im Gegensatz zu Geflügel-, Schwein- und Kalbfleisch sollte Rindfleisch (auch Lammfleisch) vorgereift sein. Diese Reifung sollte idealer Weise einige Wochen unter streng kontrollierten Bedingungen vor sich gehen. Während dieser Zeit wird das Fleisch mürbe, zart und entfaltet seinen typisch feinen Geschmack. An gut abgehangenem Fleisch hinterlässt Ihr Fingerdruck „Abdruckspuren“ und es weist eine etwas dumpfere Farbe als ganz frisches auf.

... sieht appetitlich aus:
Die Schnittflächen der Teilstücke sollten eher trocken sein. Ist das Fleisch schwabbelig, hat es eine fahle Farbe, ist bereits ungewöhnlich viel Fleischsaft ausgetreten oder ist es sehr dunkel und leimig, so lässt dies auf mangelnde Qualität schließen.

... sollte richtig portioniert werden:
Achten Sie darauf, dass Ihre Grillstücke stets quer zur Faser geschnitten werden. Denn nur so ergibt sich eine zarte, kurze Fleischfaser. Die Stärke der Tranchen zum

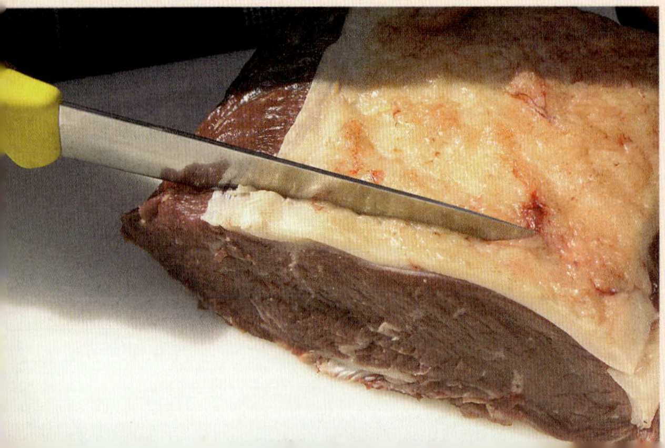

Ein saftiges Steak aus der Beiried sollte einen leichten Fettrand aufweisen und zirka daumendick geschnitten werden.

Grillen sollte zumindest fingerdick sein. Klassische Steaks können durchaus auch dicker sein. Ist das Fleisch zu dünn geschnitten, trocknet es beim Grillen rasch aus.

Wie viel Fleisch sollte man einkaufen?

Rechnen Sie, dass Sie pro Person ca. 20 bis 25 dag Fleisch benötigen. Kaufen Sie Fleisch am Knochen (z.B. Kotelettes oder Steaks), so rechnen Sie ca. 1/3 an Gewicht dazu. Kaufen Sie Spare Ribs, so rechnen Sie zirka 50 dag je Person.

Immer cool bleiben

Um die Kühlkette nicht zu unterbrechen, sollten Sie nach dem Einkauf das Fleisch möglichst rasch und gut verpackt nach Hause transportieren. Am besten eignet sich dazu eine Kühlbox oder zumindest eine Isoliertasche. Daheim das Fleisch dann in einen entsprechenden Behälter geben und im kältesten Bereich des Kühlschranks für maximal zwei bis drei Tage lagern.

Entfernen Sie Fettränder nicht gänzlich. Sie steigern den Geschmack und bewirken, dass das Fleisch saftig bleibt.

Bei Spießen ist es wichtig, dass gleich große Stücke aufgespießt werden, sonst kann es sein, dass die einzelnen Stücke nicht zeitgleich gar sind.

Falls Sie das Grillgut noch zusätzlich mit Öl bestreichen sollen, gehen Sie sehr sparsam damit um. Besteht doch der Vorteil des Grillens gerade in der besonders fettarmen Zubereitung.

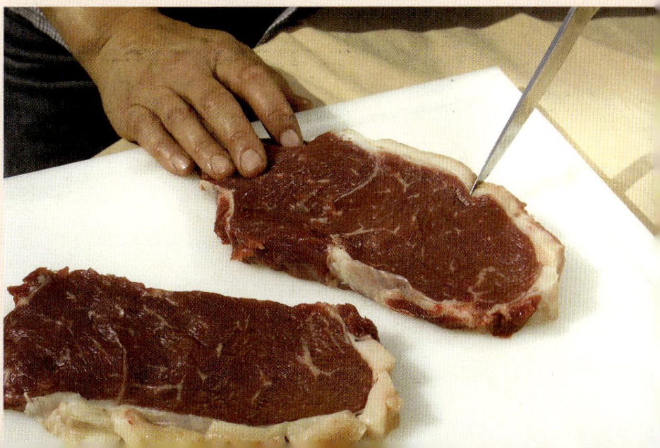

Damit sich die Beiried beim Grillen nicht wölbt, schneidet man die Fettränder alle paar Zentimeter vorsichtig bis zum Fleisch ein.

Fleischliche Genüsse – richtig eingekauft

Das Fleisch (auch mariniertes) sollte etwa 60 Minuten vor dem Grillen aus dem Kühlschrank genommen werden, damit es die Umgebungstemperatur annimmt.

Was kommt auf den Grill?

Geeignete Fleischsorten & Teilstücke

Rindfleisch

Rindfleisch ist aufgrund seines herzhaften Geschmackes ideal zum Grillen geeignet. Voraussetzung dafür ist allerdings beste Qualität. Ganz entscheidend für die Zartheit und Aromaausbildung ist eine ausreichende Reifung der Grillstücke. Achten Sie beim Einkauf darauf und scheuen Sie sich nicht, nach gut abgehangenen Fleisch zu fragen!

Steaks vom Knöpfel:
Huftsteaks: Aus der Hüfte (Hüferl, Hüferscherzel, Hieferl), das eine lockere, leicht marmorierte Faserstruktur besitzt. In klassischen Steakländern werden daraus die saftigen „Original Rumpsteaks" geschnitten.

Nuss-Steaks:
Werden aus der Nuss (Zapfen, Kugel) geschnitten, die fast fettfrei und dennoch sehr saftig ist.

Steaks aus der Beiried:
Steaks aus diesem Teilstück sind etwas für wahre Rindfleischliebhaber. Von besonders zart bis herzhaft durchwachsen bieten sie für jeden das Richtige.

Rumpsteak:
Aus dem hinteren Teil der Beiried (niedere Beiried). Besonders zartes, saftiges Fleisch, leicht mit Fett bedeckt.
Entrecote (Zwischenrippenstück): aus dem vorderen Teil der Beireid (hohe Beiried); kann „simple" (ca. 20 dag) oder „double" (ca. 40 dag) geschnitten werden.

Rostbraten:
wird eher etwas dünner (1 bis 2 cm) geschnitten. Aufgrund der etwas gröberen Faserstruktur und Fetteinlagerung sehr kräftig im Biss und Geschmack.

Steaks aus dem Lungenbraten:
Steaks aus dem Lungenbraten (Lende, Filet), dem nicht nur teuersten sondern auch edelsten Teilstück des Rindes, sind besonders kurzfasrig, mager, zart und saftig. Sie sollten nie zu dünn geschnitten werden, da sonst die Gefahr besteht, dass das Fleisch trocken wird.

Klassische Filet-Steaks: ca. 20 dag, wird aus dem Mittelteil des Filets geschnitten.
Chateaubriand: ca. 40 dag (für 2 Personen), aus dem Mittelteil des Filets.

Filet Mignon (Tournedos, Medaillons): ca. 10 dag, aus dem Teil zur Filetspitze hin, ideal auch für Spieße.

„Große Steaks" mit Knochen – von Jungrindern unter 12 Monaten
Wer kennt sie nicht, die großen Steaks aus den traditionellen Steakländern Amerikas. Ein am Knochen gegrilltes Fleisch schmeckt besonders saftig und geschmackvoll. Auch bei uns gibt es diese Steaks in gut sortierten Fleischerfachgeschäften auf Vorbestellung.

Rib-/Ribeye-Steak:
Aus dem Rostbraten (Hochrippe) mit oder ohne Knochen.

Club-Steak:
Wird aus der Beiried mit Knochen geschnitten.

T-Bone-Steak:
Bezieht seinen Namen aus dem T-förmigen Knochenstück in der Mitte zwischen Beiried und Filet (ca. 50 dag).

Porterhouse-Steak:
Aus der Beiried mit Knochen und Filetanteil, der größer ist als beim T-Bone-Steak (ca. 70 dag).

Tipp:

Beim Porterhouse- und T-Bone-Steak ist der Lungenbraten früher gar als die Beiried. Wenn der Filetteil die gewünschte Garstufe erreicht hat, legen Sie eine dünne, rohe Kartoffelscheibe darunter und grillen Sie das Steak nun fertig.

Fleischliche Genüsse – richtig eingekauft

Kalbfleisch

Kalbfleisch ist eine besondere Delikatesse, die kalorienarm und bekömmlich ist und sich durch ihre einzigartige Zartheit und mildes Aroma auszeichnet.
Da das Kalbfleisch eine überaus feine Faserstruktur aufweist und außerdem sehr mager ist, sollte man es beim Grillen mit äußerster Vorsicht behandeln.

Rücken:
Daraus werden saftige Koteletts mit Knochen und Steaks (aus der Karreerose) geschnitten. Für zarte Medaillons und Spießchen eignet sich das Filet.

Steaks vom Schlögel:
Kaiserteil, Nuss oder Schlussbraten sind fast fettfrei und zartfasrig. Portioniert eignen sie sich für Steaks und Grillspießchen. Stelzen in Scheiben geschnitten, sind preiswert und saftig.

Schweinefleisch

Erstklassiges Schweinefleisch ist kräftig rosa, der Speck weiß und kernig. Schweinefleisch bester Qualität sollte möglichst frisch und nicht zu mager sein. Sie sollten sich deshalb für durchwachsene Stücke entscheiden, die außerdem ein leichtes Speckranderl aufweisen. Das garantiert Ihnen saftigen, herzhaften Geschmack.

Steaks vom Schlögel (Schinken):
Sie können entweder aus der Nuss (sehr mager und dennoch besonders saftig), dem Kaiserteil (mager und zart) oder dem Schlussbraten (saftig) geschnitten werden.

Fledermauserl:
Kurzfasriger Fleischmuskel, der den Schlussknochen des Schlögels bedeckt (saftig und zart). Durch seine feine Marmorierung ein Topp-Produkt für den Grill.

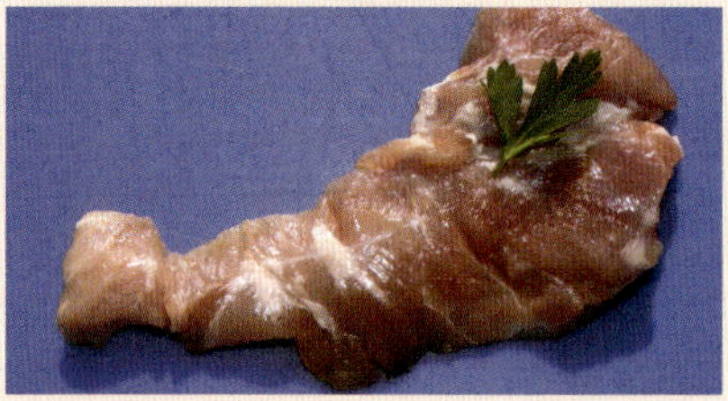

Tipp:

„Jungschweinernes“ hat nichts mit dem Alter der Tiere zu tun, sondern ist eine Bezeichnung für Teilstücke mit Schwarte und Knochen.

Teilstücke vom Rücken:
Schopfbraten (Nacken): Es können durchzogene, saftige Kotelettes (mit Knochen) oder Schopfsteaks (ohne Knochen) geschnitten werden.
Karree: wird kopfwärts in so genannte „Lange Karree“ und schwanzwärts ins „Kurze Karree“ unterteilt. Es liefert mit dem Knochen saftige Koteletts. Aus der Karreerose (ausgelöstes Karree) stammen geschmackvolle Rückensteaks.

Filet (Lungenbraten):
Das zarteste und teuerste Stück – im Ganzen oder in Scheiben geschnitten – für Medaillons bzw. Spieße verwendet.

Schulter:
Ist an sich ein typisches Bratenstück, bietet aber auch ein kerniges Fleisch zum Grillen – in Scheiben geschnitten, mit oder ohne Knochen – das Cowboy-Steak.

Bauch (Brust):
Der durchzogene Schweinebauch (ausgelöst oder mit Knochen) eignet sich nicht nur bestens zum Kochen, Braten und Dünsten, sondern – in Scheiben geschnitten – auch hervorragend zum Grillen.

Ripperl:
Spareribs: sind gebogene Karreeripperl mit wenig Fleischauflage.
Bauchripperl: sind gerade Rippen vom Bauch mit viel Fleischauflage.

Tipp: Stücke am Knochen (Spareribs, Koteletts etc.) sind zum Grillen besonders empfehlenswert, weil das Fleisch äußerst saftig ist und kräftig schmeckt.

Geflügel

Geflügel ist nicht nur wegen seines zarten, vielseitig verwendbaren Fleisches, sondern auch wegen seines günstigen Preises sehr beliebt. Wird es nicht im Ganzen gegrillt, sind Brust, Flügerl und Haxerl begehrte Teilstücke.
Beim Grillen ist aufgrund der Feinfasrigkeit und des geringen Fettgehaltes besondere Vorsicht geboten. Aus hygienischen Gründen sollte man beim Arbeiten mit rohem Geflügel auf größte Sauberkeit achten. Nach den Vorbereitungsarbeiten am Fleisch (z.B. Zerlegen, Würzen etc.) müssen alle verwendeten Utensilien gründlich und heiß gereinigt werden. Gegebenenfalls sollte ein separates Messer und Schneidebrett nur fürs Geflügel verwendet werden.

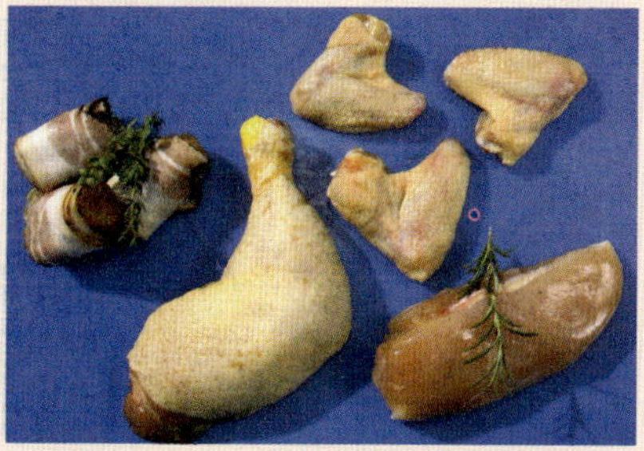

Masthühner:
Qualitätshendl erkennt man aufgrund der überwiegenden Maisfütterung an ihrer gelben Haut. „Fleischige“ Hendl haben ein Mindestgewicht von 1 kg, Poularden sind schwerere Junghühner mit besonders

Fleischliche Genüsse – richtig eingekauft

zartem Fleisch. Sehr beliebt zum Grillen sind die Flügerl (Chicken Wings) zum Knabbern und auch die saftigen Haxerl. Die Brust bleibt besonders saftig, wenn man sie mit Haut und Knochen grillt.

Truthühner (Puten):
Putenfleisch wird meist bereits in portionierten Stücken (z.B. Brust, Keule) angeboten.

Enten (Barbarieenten):
Diese sogenannten Flugenten sind ca. 2 kg schwer. Gegrillte Entenbrust ist ein besonderes Geschmackserlebnis.

Alle Teile vom Geflügel sind zum Grillen bestens geeignet. Die fette Haut schützt dabei das zarte Fleisch und wird beim Grillen schön knusprig. Enthäutete Teile kann man vor dem Grillen mit Speck umwickeln. Er bewirkt, dass das Fleisch saftig bleibt und verleiht zusätzlich einen tollen Geschmack.

Lammfleisch

Lammfleisch, also das Fleisch von sehr jungen Schafen, zählt zu den delikatesten Fleischarten. Aufgrund der naturnahen Haltung hat das Fleisch ein zart würziges Aroma. Lammfleisch zum Grillen sollte idealerweise ca. eine Woche vorgereift sein.

Lammrücken:
Kann mit Knochen (Lammsattel), in Scheiben geschnitten (Doppelsteak), halbiert und in Scheiben geschnitten als Rückenkoteletts (Chop) gegrillt werden. Vom ausgelösten Lammrücken stammen die Rückensteaks („Valentine-Steaks“ oder „Schmetterlingsteaks“) sowie Karreesteaks (Rückenfiletsteaks), welche ideal für Spießchen sind.

Lammschlögel:
Mit Knochen, in Scheiben portioniert, ergeben herzhafte Steaks. Aus den Schlögelstücken (Kaiserteil, Frikandeau, Nuss, Schlussbraten) erhalten Sie Steaks.

Faschiertes

Faschiertes ist preiswert und eignet sich hervorragend für Grillspezialitäten (Hamburger, Cevapcici etc.)

Faschiertes muss aus frischen, möglichst großen Fleischstücken hergestellt werden. Sofern es nicht aus Fleisch vom Rind und Schwein („Gemischtes Faschiertes“) hergestellt wird, muss angegeben sein, um welche Fleischart es sich handelt. Gemischtes Faschiertes besteht meist zur Hälfte aus Rind- und Schweinfleisch und darf maximal 20 % Fett aufweisen. Besonders g'schmackig ist auch faschiertes Lammfleisch.
Zu Hause sollte man genauso sorgfältig sein wie im Fleischerfachgeschäft und

es immer im kältesten Bereich des Kühlschrankes höchstens einen Tag lang aufbewahren.

Faschiertes – ob gemischt, oder nur vom Schwein, Rind oder Lamm – lässt sich auf vielfältige Weise grillen: Würstchen, Kugeln, Laibchen sind schnell geformt.

Würste

Eine köstliche Bereicherung des Grillsortiments sind Würstel und Wurstwaren. Von frischen Schweins- und Rostbratwürstel über vorgebrühte Brat- und Fleischwürstel wie Berner Würstel, Frankfurter, Krainer, Käsekrainer, Klobassen bis hin zu Leberkäse, Grilllaibchen und „Grillschnecken“ reicht das vielseitige Angebot.

Tipp:

Für alle bereits vorgebrüht angebotenen Würstel sind nur mehr kurze Grillzeiten bei nicht allzu hohen Temperaturen nötig. Diese Würstel können auch vorsichtig eingekerbt und mit Speck, Käse, Gemüse oder zerdrücktem Knoblauch gefüllt werden und erhalten somit ein noch pikantere Note.
Mit Bier bestrichene Würstchen werden besonders knusprig.

Spareribs

Zutaten:
4 Knoblauchzehen
250 ml Chili Ketchup
8 EL Honig
2 TL Salz
5 - 6 EL Sojasauce
2 TL Fünf-Gewürz-Pulver
einige Tropfen Tabasco
2 kg Spareribs

1 Die Knoblauchzehen schälen und pressen und mit den übrigen Zutaten außer den Spareribs zu einer Marinade vermengen.

2 Spareribs rundherum damit bestreichen und einige Stunden, am besten über Nacht, im Kühlschrank durchziehen lassen.

3 Die Marinade von den Spareribs etwas abtupfen und beidseitig direkt scharf angrillen.

4 Die Spareribs vom Grill nehmen, mit restlicher Marinade bepinseln und in Alufolie wickeln.
Danach bei mittlerer Hitze (ca. 140° - 160° C) indirekt ca. 1,5 bis 2,5 Stunden (je nach Temperatur und Grillerart) grillen.

5 Wenn sich die Knochen vom Fleisch herausdrehen lassen, ohne dass Fleisch daran haften bleibt, sind die Spareribs gar. Sie können nach kurzer Rastphase serviert werden.
Wer die Spareribs gerne knuspriger möchte, kann sie nochmals direkt über der Glut angrillen.

Tipp:

Für Leute, die knusprige, bissfeste Spareribs bevorzugen, ist dieses Rezept weniger geeignet. Diese Spareribs werden nach der schonenden Barbecue-Methode zubereitet und eignen sich speziell für Freunde von saftig mürben Spareribs.

Tipp:

a Die Ripperl kräftig mit Marinade bepinseln und am besten über Nacht ziehen lassen.

b Die Ripperl über direkter Hitze beidseitig scharf angrillen.

c Danach die Ripperl in Alufolie wickeln und indirekt bis zur gewünschten Garstufe grillen. Vor dem Anrichten kurz direkt bräunen.

d Fertiges Gericht.

Gegrillte Stelze

Zutaten:

0,5 l kräftige Rindssuppe
3 EL Worcestershiresauce
2 EL Apfelessig
4 EL Öl
1 TL Senfpulver
1 TL Knoblauchpulver
1 TL scharfer Paprika
1 kräftiger Schuss Malzbier
1 hintere Schweinsstelze

1 Alle Zutaten außer der Stelze gut miteinander verrühren und mit der Stelze in einen Tiefkühlsack füllen. gut verschließen und im Kühlschrank über Nacht ziehen lassen.

2 Am nächsten Tag aus der Marinade nehmen und indirekt bei mittlerer Hitze (ca. 180°C) ca. 2,5 - 3 Stunden grillen, bis eine Kerntemperatur von ca. 78°C erreicht ist (Vorsicht: Nicht am Knochen messen!).

3 Während des Grillvorganges kann man die Stelze gelegentlich mit der Marinade bestreichen.

Rostbeef

mit Käse-Zwiebelkruste

Zutaten:

2 kg Beiried
2 TL Pfeffer, grob
Salz
2 Zwiebel
1 Fleischparadeiser (Tomate)
2 EL Butter
300 g Gouda oder Edamer, gerieben
1 Ei
1 EL Petersilie, gehackt

1 Roastbeef mit Salz und grobem Pfeffer einreiben und mit der fetten Seite nach oben auf den Rost legen.

2 Die Zwiebel klein würfelig schneiden. Den Fleischparadeiser überbrühen, schälen, entkernen und das Fruchtfleisch ebenfalls klein würfelig schneiden.

3 Das Rostbeef ca. 35 Minuten bei hoher Hitze (ca. 225°C) indirekt grillen.

4 Inzwischen die Zwiebel in Butter glasig dünsten, die Paradeiswürfel dazugeben und ca. 5 Minuten braten. Die Masse abkühlen lassen und mit geriebenem Käse, Ei und Petersilie zu einer dicken Creme rühren, mit Salz abschmecken.

5 Die Käsecreme dick auf das Rostbeef streichen und zirka weitere zehn Minuten im heißen Grill indirekt grillen bis eine Kerntemperatur von 58°C erreicht ist.

6 Roastbeef aus dem Grill nehmen, in Alufolie einwickeln und vor dem Anschneiden 10 bis 15 Minuten rasten lassen.

Schweinsschopf nach Braumeister-Art

Zutaten:

Ca. 2,5 bis 3 kg Schweinsschopf im Ganzen
1 Flasche Märzen Bier
1/8 l Öl
4 cl Essig
4 cl Weinbrand
2 Zwiebeln
4 EL Senf
1 Lorbeerblatt
2 Zehen Knoblauch
Muskatnuss, gerieben
schwarzer Pfeffer, frisch gemahlen

1 Zwiebeln schälen und in Ringe schneiden, Knoblauch schälen und pressen. Schweinsschopf pfeffern und rundherum mit Senf einreiben. Für die Marinade die Zwiebelringe mit dem Knoblauch und den restlichen Zutaten vermengen, in einen Tielkühlsack geben und den Schweinsschopf darin einlegen, sodass dieser rundherum von Marinade umgeben ist.

2 Den Tiefkühlsack verschließen und den Schopf am besten über Nacht im Kühlschrank marinieren lassen. Vor dem Grillen den Schopf aus der Marinade nehmen, trockentupfen und rundherum kräftig mit Salz einreiben.

3 Nun den Schopf bei starker direkter Hitze rundherum anbraten und danach bei mittlerer Hitze (ca. 180°C) ca. 2,5 h indirekt grillen. Die Kerntemperatur sollte ca. 78°C betragen.

4 Nun den Schopf aus dem Grill nehmen und vor dem Anschneiden ca. 15 Minuten mit Alufolie bedeckt rasten lassen. Durch die Rastphase kann sich der Fleischsaft wieder im Fleischstück verteilen und der Braten wird saftig und zart im Biss.

Variante:

Mit dieser Marinade können Sie ebenso gut Koteletts oder Schopfschnitten marinieren. Dazu abwechselnd die Fleischstücke und die Zwiebelmarinade in ein hohes Gefäß schichten, wobei zum Schluss die Marinade die Fleischstücke bedecken soll.

Rosa Schweinsfilet

Zutaten:
1 Schweinsfilet
(ca. 600 g)
Salz
Pfeffer schwarz,
frisch gemahlen
Rosmarin, gemahlen

1 Schweinsfilet von Sehnen befreien und rundherum mit Salz, Pfeffer und Rosmarin einreiben.

2 Nun das Filet bei direkter hoher Hitze von allen Seiten rasch angrillen, in Alufolie wickeln und danach bei mittlerer Hitze (ca. 180 °C) ca. 10 Minuten indirekt grillen.

3 Vor dem Anschneiden ca. 5 Minuten rasten lassen und zum Servieren in ca. 1 cm dicke Schnitten schneiden.

Variante:

Bestreichen Sie das Schweinsfilet nach dem Angrillen mit einer Mischung aus klein geschnittenen, angerösteten Zwiebeln und Champignons und schlagen das Filet in einen Blätterteigmantel ein. Den Teig mit Eigelb bestreichen und bei indirekter Hitze grillen, bis der Blätterteig eine schöne goldbraune Farbe aufweist.

Liebesspießerl

Zutaten:

1 Zwiebel
4 EL ÖL
2 EL Weinessig
4 EL Orangensaft
4 EL Tomatenketchup
1 TL Worchestersauce
1 Spritzer Tabasco
¼ TL Oregano, gerebelt
16 Stk. Bauchfleischschnitten, entschwartet (vom Fleischer in ca. 3 mm dünne Schnitten schneiden lassen)
16 Stk. Schaschlikspieße aus Holz

1 Die Zwiebel schälen und fein reiben. Mit Öl, Weinessig, Orangensaft und Ketchup zu einer Marinade verrühren und mit Worchestersauce, mit Tabasco und Oregano würzen.

2 Den Schaschlikspieß ins untere Ende eines Bauchstreifens spießen. Den Bauchstreifen nun spiralförmig um den Spieß wickeln und gut andrücken. Mit allen Spießen so verfahren und die fertig gewickelten Liebesspießerl mit der Marinade bestreichen.

3 Die marinierten Liebesspießerl am gut vorgeheizten Grill bei hoher Hitze direkt rundherum scharf grillen bis sie knusprig sind.

4 Die Liebesspießerl werden am besten direkt vom Spieß heruntergeknabbert.

Tipp:

Besonders Kinder lieben diese Spieße, da sie diese mit der Hand essen können. Verwenden sie für Kinder eine mildere Marinade.

Fledermauserl „Chimi churi"

Zutaten:

1 Bund Frühlingszwiebeln
2 Chilischoten, grün
4 Zweige Rosmarin
4 Knoblauchzehen
1 Bund glatte Petersilie
1 Bund Oregano
5 EL Orangensaft
5 EL Zitronensaft
schwarzer Pfeffer, frisch gemahlen
250 ml Olivenöl
12 Stück Fledermauserl (eventuell beim Fleischer vorbestellen)
Salz

1 Von den Frühlingszwiebeln die Wurzeln und das welke Grün abschneiden und grob schneiden. Die Chilischoten aufschneiden und entkernen. Vom Rosmarin-Zweig die Nadeln abzupfen. Den Knoblauch schälen. Die Frühlingszwiebel, die Kräuter, die Chilischoten sowie den Orangen- und Zitronensaft mit Pfeffer in einen Blender (Standmixer) geben und pürieren.

2 Das Olivenöl bei laufendem Mixer langsam dazugießen, bis eine geschmeidige Masse entsteht.

3 Die zugeputzten Fledermauserl mit der Chimi-churi-Marinade marinieren und einige Stunden, am besten über Nacht, ziehen lassen.

4 Vor dem Grillen die Marinade etwas abtupfen und die Fledermauserl bei direkter Hitze am Rost auf beiden Seiten je ca. 2 Minuten grillen, nach dem Wenden salzen.

5 Vor dem Servieren einige Minuten mit Alufolie bedeckt rasten lassen.

Tipp:

Restliche Marinade können Sie am nächsten Tag als Pesto-Ersatz unter gekochte Nudeln mischen.

Asia Steaks

Zutaten:
4 rote Chilischoten
2 Knoblauchzehen
4 EL Sojasauce, dunkel
2 EL Sherry
1 TL Honig
2 EL Sambal Oelek
4 Steaks vom Rinderfilet (á ca. 200 g)
Salz

1 Die Chilischoten entkernen und kleinwürfelig schneiden. Den Knoblauch schälen und pressen. Die Sojasauce mit Sherry, Honig, Sambal Oelek sowie mit Knoblauch und den Chiliwürfeln mischen.

2 Die Rinderfiletsteaks mit der Marinade in eine Schüssel geben und im Kühlschrank mindestens 6 Stunden marinieren.

3 Vor dem Grillen die Steaks aus der Marinade nehmen und trocken tupfen. Die Steaks bei starker direkter Hitze beidseitig grillen. Die Wendephase ist erreicht, wenn sich die Fleischoberfläche zu zerklüften beginnt und der Fleischsaft austritt. Nach dem Wenden werden die Asia Steaks gesalzen und weiter gegrillt, bis auch auf der zweiten Seite der Fleischsaft austritt.

4 Die Garstufe der Steaks ist nun „medium“. Die Steaks vor dem Servieren noch ein paar Minuten abgedeckt rasten lassen, damit sich der Fleischsaft wieder im Fleisch verteilen kann und die Steaks saftig und zart sind.

Tipp:

Stärker geschnittene Steaks bei direkter Hitze beidseitig scharf angrillen und indirekt fertig grillen.

Beiried Jamaica

Zutaten:
125 ml Rum
125 ml Sojasauce
60 ml Ananassaft
2 EL Zitronensaft
1 Knoblauchzehe
1 TL Senf
1/2 TL Ingwer, gemahlen
schwarzer Pfeffer, gemahlen
4 Beiriedschnitten

1 Den Rum mit der Sojasauce, dem Ananas- und Zitronensaft verrühren. Die Knoblauchzehe schälen und dazupressen. Die Marinade mit Senf, Ingwer und Pfeffer abschmecken.

2 Die Beriedschnitten einige Stunden im Kühlschrank in der Marinade ziehen lassen. Vor dem Grillen die Marinade etwas abtupfen.

3 Die Beiriedschnitten bei starker Hitze solange direkt grillen, bis der Saft aus den Poren steigt.

4 Nun die Beiriedschnitten salzen und wiederum so lange grillen, bis der Fleischsaft an der Oberseite beginnt auszutreten. Die Beriedschnitten vom Grill nehmen und zugedeckt einige Minuten rasten lassen.

5 Zum Servieren die Beiriedschnitten mit einem Schrägschnitt halbieren, damit man den zartrosa Kern sehen kann.

Lammfleischbällchen am Grill

Zutaten für 3 Portionen:

500 g Lammfaschiertes
1 Säckchen MAGGI-Fix für Faschiertes
1 Knoblauchzehe
1 Chilischote getrocknet
1 Msp. Zimt
1 Msp. Kardamompulver
Holzspieße

1 Faschiertes mit MAGGI-Fix nach Anleitung zubereiten. Knoblauchzehe schälen und fein hacken, Chilischote zerbröseln und mit Zimt und Kardamom unter das Faschierte mischen.

2 Kleine Bällchen formen und immer 2 Bällchen auf einen Spieß stecken, die Bällchen etwas flach drücken. Spießchen von jeder Seite direkt bei mittlerer Hitze grillen.

3 Beilagenempfehlung:
Getoastete dünne Weißbrotscheiben und Joghurt-Minze-Sauce

Tipp:

Mischen Sie noch einen TL Fenchelsamen unter das Faschierte, dann werden die Lammspießchen typisch griechisch im Geschmack.

Cowboysteak

Zutaten:
2 Zehen Knoblauch
2 EL Honig
½ Zitrone
1 TL Paprikapulver, edelsüß
Pfeffer, schwarz
4 Stk. Cowboysteaks (Steaks aus der Schweinsschulter, ca. 1,5 cm stark)
Salz

1 Für die Marinade den Knoblauch schälen und pressen, dazu Honig und Saft einer halben Zitrone mischen. Mit Paprika und Pfeffer abschmecken.

2 Die Cowboysteaks nun beidseitig mit der Marinade bestreichen und einige Stunden im Kühlschrank ziehen lassen.

3 Am vorgeheizten Grill direkt bei hoher Hitze beidseitig grillen. Der Wendepunkt ist erreicht, wenn der Saft aus den Poren steigt. Nun wenden, salzen und wiederum grillen, bis der Saft an der Oberseite austritt.

4 Vor dem Servieren einige Minuten rasten lassen.

Tipp:

Cowboysteaks sind besonders für Fleischliebhaber geeignet, die den kräftigen Fleischgeschmack und einen herzhaften Biss bevorzugen.

Smarties-Muffins

Zutaten für 12 Stk.

230 g Mehl
1 TL Backpulver
½ TL Natron
½ TL Zimt
3 EL Kakaopulver
1 Pack. Vanillezucker
130 g Zucker
1 Ei
125 g Öl, oder flüssige Butter
250 g Buttermilch
150 g Mini-Smarties

1. Zum indirekt Grillen der Muffins bitte eine 6er-Muffinform verwenden und diese einfetten. Das Mehl in eine Schüssel geben und mit Backpulver, Natron, Zimt, Kakao, Vanillezucker und Zucker sorgfältig vermischen.

2. Das Ei in einer anderen Schüssel leicht verquirlen. Dann die Butter und die Buttermilch zu den Eiern hinzufügen und gut verrühren.

3. Die Mehlmischung zum Eiergemisch geben und nur kurz unterheben, bis die trockenen Zutaten feucht sind (also nicht lange glatt rühren!). Der Teig muss nicht schön glatt sein. Die Hälfte des Teigs in die Muffinform füllen und bei mittlerer Hitze (ca. 180 °C) ca. 20 Minuten indirekt grillen.

4. Nach dem Grillen die Muffins vorsichtig aus der Form nehmen, nachdem sie ein paar Minuten ausgekühlt sind. Nun können die restlichen Muffins gegrillt werden.

Tipp:

Die Kinder essen Muffins gerne nur so aus der Hand (mit Smarties serviert). Zum richtigen Dessert werden sie mit warmer Schokosauce, 1 Kugel Eis und etwas Schlagobers.

Pizza vom Grill

Zutaten:
Für den Teig:
250 g Wasser, lauwarm
1 Prise Zucker
20 g Germ (oder 1 Pack. Trockengerm)
7 g Salz
2 EL Olivenöl
500 g Mehl, glatt
Öl
Für den Belag:
1 Dose Pizzasauce
200 g Käse, gerieben
Belag nach Wahl: z. B. Schinken, Speck, Salami, Champignons, Mais etc.
Pizzagewürz

1 Das Wasser in einer Schüssel mit dem Zucker und Germ verrühren und ca. 5 Minuten stehen lassen. Dann Salz und Öl einrühren und nach und nach soviel Mehl einrühren, dass sich der Teig vom Schüsselrand löst. Den Teig von Hand auf einer bemehlten Unterlage mindestens 8 Minuten glatt kneten, der Teig sollte weich und formbar, aber nicht klebrig sein.

2 Eine große, saubere Schüssel leicht ölen. Den Teig in die Schüssel geben, dünn mit Öl bestreichen und locker mit einem Küchentuch bedeckt 1 - 2 Stunden an einem warmen, geschützten Ort aufgehen lassen.

3 Zwei gerillte Alu-Grilltassen mit etwas Öl bepinseln. Den Teig in zwei Teile teilen und auf die zwei Alu-Grilltassen gleichmäßig ausbreiten, das geht am besten mit eingeölten Händen. Nun eine Pizza so heiß wie möglich indirekt einige wenige Minuten grillen, bis der Boden leicht braun ist. Die Pizza vom Grill nehmen und die Oberseite mit Öl bestreichen, dann aus der Grilltasse lösen und wenden. Die Unterseite bekommt durch die Alu-Grilltasse ein interessantes Wellenmuster.

4 Danach die Pizza dünn mit der Pizzasauce bestreichen, mit dem Käse und den anderen Zutaten für den Belag nach Wunsch belegen und mit dem Pizzagewürz bestreuen. Die Pizza nun wiederum im sehr heißen Grill indirekt ca. 10 Minuten (je nach erreichter Temperatur) grillen bis der Teig unten knusprig und der Käse gut geschmolzen ist. Nun kann die zweite Pizza wie oben geschrieben gegrillt werden.

Tipp:

Wer die Pizza noch würziger liebt, kann bereits in den Pizzateig eine Prise getrockneten Oregano beigeben.

Lammfleischspieß Suvláki

Zutaten:
800 g Lammkeule
1/8 l Olivenöl
1/8 l Weißwein, trocken
Saft von 1 Zitrone
Salz
Pfeffer
6 Lorbeerblätter
2 TL Oregano, getrocknet
250 g Schalotten

1. Lammkeule abspülen, abtrocknen und in etwa 3 cm große Würfel schneiden.

2. Olivenöl mit Wein, Zitronensaft, Salz, Pfeffer, Lorbeerblättern und 2 TL Oregano vermischen, die Fleischwürfel darin wenden und im Kühlschrank über Nacht marinieren.

3. Am nächsten Tag Schalotten schälen (kurzes Blanchieren erleichtert das Schälen). Die Fleischwürfel trocken tupfen und abwechselnd mit den Schalotten auf Grillspieße stecken.

4. Die Lammspieße auf dem vorgeheizten Grill von jeder Seite ca. 4 bis 5 Min. grillen. Mit Fladenbrot oder Baguette und Tzatziki servieren.

Variante:

Der Spieß kann natürlich auch mit Schweinefleisch aus dem Schlögel zubereitet werden. Probieren Sie nach belieben auch Cherrytomaten zwischen die Fleischstücke zu stecken.

Wokpfanne

Zutaten:
250 g Sojasprossen
1 Paprika rot
1 Paprika gelb
1 Paprika grün
250 g Zwiebeln
1 Knoblauchzehe
500 g Kalbsnuss
125 ml Geflügel- oder Gemüsesuppe
4 EL Sojasauce
1 TL Speisestärke
4 TL Erdnussöl
Salz
schwarzer Pfeffer, frisch gemahlen
Sambal Oelek

1 Holzkohlebriketts im Griller zu einer Pyramide aufschlichten und entzünden.

2 Sprossen waschen und abtropfen lassen. Paprika putzen, waschen und in feine Streifen schneiden. Zwiebeln u. Knoblauch schälen. Zwiebeln in Spalten schneiden, Knoblauch fein hacken. Kalbfleisch in dünne Scheiben schneiden. Geflügelsuppe, Sojasoße und Stärke verrühren.

3 Wenn die Briketts gut durchgeglüht sind, die Wokpfanne so auf den Grill setzen, dass der Pfannenboden die Spitze der Pyramide berührt. Nun Erdnussöl im Wok erhitzen.

4 Das Fleisch darin portionsweise braun anbraten. Mit Salz und Pfeffer würzen und das Fleisch herausnehmen. Zwiebeln in den Wok geben und glasig anbraten. Paprikastreifen und Knoblauch zufügen und unter Rühren leicht anbraten. Sojasprossen untermischen.

5 Mit angerührter Soße ablöschen, kurz aufkochen und das gegarte Fleisch mit dem Saft unterrühren. Mit Salz, Pfeffer und nach Belieben Sambal Oelek kräftig abschmecken.

Variante:

Sie können statt dem Kalbfleisch auch Schwein, Rind oder Geflügelfleisch nehmen.

Tipp:

Verwerten Sie doch einmal die Reste einer Grillfeier im Wok! Übriges rohes Fleisch schnetzeln, übrig gebliebenes Gemüse klein schneiden. Alles im Wok anbraten und mit Soja- und Austernsauce würzen.

Rosa gegrillte Entenbrust

Zutaten:
4 Stück Entenbrust
Salz
schwarzer Pfeffer, frisch gemahlen
Rosmarin, gerebelt

1 Die weiße Haut der Entenbrust rautenförmig einschneiden, ohne dabei ins Fleisch zu schneiden. Die Entenbrüste rundherum mit den Gewürzen einreiben und im Griller direkt bei hoher Hitze beidseitig scharf anbraten.

2 Danach die Entenbrüste ca. 10 - 12 Minuten indirekt bei mittlerer Hitze (160 bis 180 °C) fertig grillen. Die Entenbrüste vom Grill nehmen und einige Minuten zugedeckt rasten lassen.

3 Die Entenbrust soll innen noch rosa sein und wird in Scheiben geschnitten angerichtet.

Variante:

Servieren Sie die sehr dünn aufgeschnittene Entenbrust auf einem gemischten Salat.

Kürbisfleischbällchen

Zutaten für 4 Portionen:

1 Säckchen MAGGI-FIX für Faschiertes
150 g Kürbisfleisch
250 g Faschiertes gemischt
2 El Semmelbrösel
Öl zum Ausbacken
60 g Kürbiskerne gehackt

1 Holzkohlebriketts im Griller zu einer Pyramide aufschlichten und entzünden.

2 Kürbisfleisch raspeln. Faschiertes nach Anleitung mit MAGGI-FIX für Faschiertes zubereiten.

3 Kürbisraspeln und Semmelbrösel vorsichtig darunter mischen. Kleine Bällchen formen und in den gehackten Kürbiskernen wälzen.

4 Wenn die Briketts gut durchgeglüht sind, die Wokpfanne so auf den Grill setzen, dass der Pfannenboden die Spitze der Pyramide berührt. Nun Öl im Wok erhitzen.

5 Die Kürbisfleischbällchen im heißen Öl ausbacken.

Hendlhaxerl Asia

Zutaten:
8 Stk. Hendlhaxerl
80 ml Sojasauce
3 EL Öl (Sesamöl)
2 EL trockener Sherry
2 Zehen Knoblauch, gepresst
½ TL frischer Ingwer, gerieben
1 TL 5-Gewürz-Pulver
1 EL Sesam, geröstet

1 Die Hendlhaxerl säubern und trocken tupfen. Sojasauce, Öl, Sherry, Knoblauch, Ingwer und 5-Gewürz-Pulver in einer Schüssel vermengen, die Hendlhaxerl darin einlegen und mindestens 1 Std. (besser über Nacht) im Kühlschrank marinieren.

2 Die Haxerl aus der Marinade nehmen und trocken tupfen, nun im vorgeheiztem Grill bei indirekter mittlerer Hitze (ca. 180 °C) ca. 45 bis 50 Minuten grillen.

3 Wenn sich die Haxerl im Gelenk etwas drehen lassen, sind sie gar. Vor dem Servieren die Hendlhaxerl Asia mit dem geröstetem Sesam bestreuen.

Hühnerbrust Tandoori

Zutaten:
4 Hühnerfilets (à ca. 200 bis 250 g)
2 EL Zitronensaft
15 g Ingwer
1 TL Cayennepfeffer
2 TL Paprikapulver, edelsüß
1/2 TL Chilipulver
2 TL Koriander, gemahlen
2 TL Kreuzkümmel, gemahlen
200 g Vollmilchjoghurt
2 Knoblauchzehen
Salz

1 Hähnchenfilet mit 2 EL Zitronensaft beträufeln. Ingwer schälen und auf der Küchenreibe fein reiben, mit Cayennepfeffer, Paprika, Chili, Koriander, Kreuzkümmel, 200 g Joghurt vermischen.

2 Knoblauchzehen schälen, pressen und unterrühren. Joghurtmarinade auf den Hühnerfilets verteilen und einige Stunden im Kühlschrank marinieren lassen.

3 Die Hühnerfilets in eine hohe Aluschale setzen und salzen. Im vorgeheizten Grill bei mittelstarker Hitze (ca. 200 °C) indirekt ca. 20 Minuten grillen. Zwischendurch mit der restlichen Marinade bestreichen.

4 Vor dem Servieren einigen Minuten rasten lassen.

Hinweis:

In der indischen Küche, aus der dieses Rezept stammt, wird für Gerichte dieser Art zusätzlich rote Lebensmittelfarbe benutzt um die Marinade und somit auch das Fleisch zu färben. Die rote Lebensmittelfarbe wirkt sich in keinerlei Weise auf den Geschmack aus und ist daher für dieses Gericht nicht unbedingt erforderlich.

Beilagenempfehlung:

Dazu passt Fladenbrot sowie Joghurt mit Salz und frisch gehackter Minze.

Grillhenderl

Zutaten:
50 g dünne Zwiebelringe
3 Knoblauchzehen, gepresst
¼ l kräftiger Rotwein
6 EL Olivenöl
2 EL Paprika, edelsüß
1 EL Rosmarin, gerebelt
1 Prise Paprika, (scharf)
1 Henderl (ca. 1,10 kg)
Salz

1 Für die Marinade die Zwiebelringe, Knoblauch, Rotwein und Olivenöl mit den Gewürzen vermengen.

2 Die Marinade mit dem Henderl in ein Tiefkühlsackerl geben und im Kühlschrank einige Stunden ziehen lassen.

3 Vor dem Grillen das Henderl rundherum salzen. Das Grillhenderl indirekt bei mittlerer Hitze (ca. 180 °C) ca. 1 ¼ h grillen bis eine Kerntemperatur von ca. 82 °C erreicht ist.

4 Als Garprobe sollte sich das Hendlhaxerl am Gelenk drehen lassen.

Wurstspieße

Zutaten

4 Rostbratwürstel
8 kleine Erdäpfel (Kartoffel)
1 grüne Paprikaschote
2 kleine Zwiebel
8 Champignons
8 Cherrytomaten
Kräutersalz
Pfeffer, frisch gemahlen

1 Bratwürstel schräg in mundgerechte Stücke schneiden. Die vorgekochten Erdäpfel schälen und die Paprikaschoten in Rauten schneiden.

2 Die Zwiebel schälen und vierteln. Champignons mit einem trockenen Tuch abreiben.
Die Paradeiser waschen. Das Gemüse mit Kräutersalz und Pfeffer würzen.

3 Die Zutaten in beliebiger Reihenfolge auf 8 eingeölte Spieße stecken.

4 Die Wurstspieße unter mehrmaligem Wenden 5 - 7 Minuten bei mittlerer Hitze direkt grillen.

Fisch- und Meeresfrüchte

Auch Fisch und Meeresfrüchte eignen sich hervorragend für den Grill und bieten gesunde Abwechslung.

Frischer Fisch, egal ob ganz oder Filet, sollte nie richtig fischig oder gar beißend riechen. Er riecht recht neutral und etwas nach Meerwasser. Bei frischem Fisch sollten die Augen prall und klar sein. Eingesunkene Augen sind ein Zeichen für Überlagerung. Der Schleim auf der Haut sollte klar und recht durchsichtig sein. Trockene Haut ist ein Zeichen für Überlagerung.

Fischfilets werden besonders geschmackvoll wenn man sie mit der Haut zubereitet, so trocknen sie auch nicht so leicht aus. Auch bei Filets sollte die Haut glänzen und natürliche Farben aufweisen. Ist sie stumpf und blass, ist das Filet zu alt.

Diese Sorten eignen sich besonders gut zum Grillen: Lachs, Forelle, Hai, Thunfisch, Schwertfisch, Butterfisch, Seeteufel (Angler), Zander, Wels, Barsch, Kabeljau, Heilbutt. Auch Garnelen sind köstlich vom Grill, empfehlenswert sind hierbei die Garnelen mit Schale, da dieser den Eigengeschmack der Garnele hervorhebt.

Tipps:

Wenn sich bei ganzen Fischen die Rückenflossen lösen lassen und das Fleisch nicht mehr glasig ist, ist der Fisch gar.

Garnelen einritzen und den dunklen Darm entfernen, da sich hier noch Sandreste befinden können.

Bestreuen Sie gegebenenfalls den Fisch mit etwas Semmelbröseln, das verhindert beim Grillen ein Klebenbleiben am Rost.

Lachsfilet aus der Folie

Zutaten:

1 kg Lachsfilet
Saft einer Zitrone
4 EL Olivenöl
Salz
Pfeffer schwarz, frisch gemahlen
2 kleine Zwiebeln
1 EL Olivenöl
5 Paradeiser (Tomaten)
3 Zehen Knoblauch
½ Bund Basilikum
1 Becher Crème fraiche

1 Den Lachs in 4 gleich große Stücke schneiden, mit Zitronensaft und Olivenöl beträufeln, salzen und pfeffern.

2 Die Zwiebeln in feine Ringe schneiden und kurz in 1 EL Olivenöl andünsten. Die Paradeiser kurz überbrühen, dann schälen und das Fruchtfleisch würfeln.

3 Den Knoblauch schälen und die Zehen in dünne Scheiben schneiden. Die Basilikumblätter abzupfen und in grobe Streifen schneiden.

4 Die Lachsfiletstücke auf je ein Stück Alufolie legen (glänzende Seite nach oben) und das Gemüse und den Basilikum auf dem Fisch verteilen. Nun die Folie oben locker zusammenschlagen und die entstandenen Päckchen im vorgeheiztem Grill bei mittelstarker Hitze (ca. 200 °C) ca. 30 Minuten indirekt grillen.

5 Nach der Garzeit die Päckchen vom Grill nehmen, die Folie oben öffnen und je 1 EL Crème fraiche darüber verteilen.

Beilagenempfehlung:

frisches Baguette und fruchtiger Paradeissalat

Lachs in Basilikumoberssauce

Zutaten:

4 Lachsfilets (á ca. 200 g, ca. 2 ½ cm dick) ohne Haut und Gräten
2 EL Olivenöl
2 EL Zitronensaft
Salz
schwarzer Pfeffer, frisch gemahlen

Für die Sauce:
2 Knoblauchzehen
80 ml trockener Weißwein
20 Basilikumblätter
250 ml Schlagobers (Schlagsahne)
1 EL Zitronensaft
2 EL Butter
Salz
schwarzer Pfeffer, frisch gemahlen

1 Fischfilets beidseitig mit Olivenöl bestreichen und mit Zitronensaft, Salz und Pfeffer würzen.

2 Knoblauchzehen schälen und mit dem Wein und dem Basilikum in einem Mixer glatt pürieren. Die Sauce in einem Topf geben und mit dem Schlagobers mischen.

3 Bei mittlerer Hitze unter öfterem Umrühren ca. 15 Minuten lang köcheln, bis die Sauce auf die Hälfte reduziert ist. Die Butter und den Zitronensaft mit einem Schneebesen einrühren und den Topf vom Herd nehmen sobald die Butter geschmolzen ist.

4 Die Lachsfilets am gut eingeölten Rost bei starker Hitze beidseitig je ca. 4 bis 6 Minuten grillen. Die fertig gegrillten Lachsfilets mit der Basilikumoberssauce anrichten.

Variante:

Der Lachs kann auch durch andere festfleischige Fischfilets ersetzt werden.

Gegrillte Riesengarnelen

Zutaten:

700 g Riesengarnelen in Schale
3 EL Butter
3 EL süße Sojasauce
1 EL Limettensaft, frisch gepresst

1 Die Riesengarnelen am Rücken entlang einschneiden und entdarmen. Die Garnelen nun fast, aber nicht ganz durchschneiden und schmetterlingsförmig aufklappen.

2 Die Butter zerlassen, vom Herd nehmen und mit der Sojasauce und dem Limettensaft verrühren. Die Schnittstellen der Garnelen damit bestreichen.

3 Die Garnelen mit der Schnittseite nach unten auf dem gut eingeölten Rost bei hoher Hitze direkt ca. 2 Minuten grillen, bis sie leicht gebräunt sind.

4 Nun die Schalen mit der Buttermischung bestreichen und die Garnelen wenden. Weitere 2 bis 4 Minuten grillen, bis sie auch auf der zweiten Seite leicht gebräunt und innen fest und rosa sind. Dabei ein- bis zweimal mit der Buttermischung bestreichen.

5 Zum Servieren mit der restlichen Buttermischung übergießen.

Generell gilt:

Gewürze sollen lediglich den Eigengeschmack des Fleisches hervorheben, aber nicht überdecken! Sparsamkeit im Umgang mit Gewürzen führt zu einem deutlich harmonischeren Geschmackserlebnis!
Würzen Sie immer mit einem Abstand von mindestens 10 bis 15 cm über dem Grillgut, so vermeiden Sie die Bildung von so genannten Gewürzinseln.

Salzen

Fleisch sollte frühestens kurz vor dem Auflegen auf den Grillrost gesalzen werden, da Salz die Eigenschaft hat, dem Fleisch die Flüssigkeit zu entziehen und es hart und trocken werden zu lassen.
Ausnahmen bestätigen auch hier die Regel: große Braten wie Schweinsbraten, Fisch und Geflügel können schon früher gesalzen werden.

Tipp:

Eine gute Gelegenheit für das Salzen ist der Moment nach dem Wenden!

Ideal zum Salzen sind Gewürzmischungen mit „gecoatetem Salz“ (=ummanteltes Salz). Dabei ist das Salz mit einer dünnen schützenden Fettschicht umgeben, die verhindert, dass das Salz Flüssigkeit entziehen kann. Erst bei einer Temperatur von 65 °C schmilzt die Fettschicht und das Salz kann nun zur Wirkung kommen.

Gewürze

Es sind viele bereits fertige Gewürzmischungen für Grillgut erhältlich, die sich besonders für gewisse Fleischsorten eignen und einen ausgewogenen Geschmack aufweisen. Kosten Sie sich durch und finden Sie Ihren Favoriten. Sagt Ihnen keines davon zu, stellen Sie doch Ihre Lieblingsgrillmischung selbst her. Für Ihre Lieblingsgrillwürze gibt es eine Vielzahl an Gewürzen am Markt, die sie nach belieben zusammenmischen können, um ihr Grillgut damit zu aromatisieren. Beachten Sie aber, dass nur ein Gewürz die Geschmacksrichtung bestimmen sollte, weitere Gewürze werden nur ergänzend verwendet und sollten im Hintergrund bleiben.

Tipp:

Der Eigengeschmack des Gerichts soll im Vordergrund bleiben, Gewürze geben eine Nuance oder betonen den Geschmack der Rohzutaten nur. Das Gewürz soll den Charakter des Gerichts nur unterstreichen bzw. ergänzen.

Pfeffer

Verwenden Sie nach Möglichkeit nur frisch gemahlenen Pfeffer, er ist deutlich aromatischer.
Knoblauch: nicht braun werden lassen, sonst wird er bitter. Knoblauch ist ein Allround-Würzmittel und darf bei keiner Grill-Feier fehlen.

Kräuter

Beifuß:
Beifuß sollte sparsam verwendet werden, schmeckt eher bitter und hat die Eigenschaft schwere Fette zu neutralisieren. Geeignet für Gans, Ente, Schweinebraten, fettere Fischsorten.

Basilikum:
Schmeckt typisch italienisch, wirkt herz- und magenstärkend. Erst gegen Ende der Garzeit auf das fertige Gericht streuen. Passt gut zu Fisch in Alufolie, Tomaten, Pizza, gegrillte Tranchen von Kalb, Lamm und Schwein.

Estragon:
Sparsam verwendet schmeckt Estragon aromatisch, leicht bitter. Er passt gut zu Geflügel, Thunfisch, Garnelen, Steaks und Koteletts.

Majoran:
Ist stark aromatisch würzig und sollte nicht mit Oregano zusammen verwendet werden. Er ist geeignet für fette Fleisch- und Fischgerichte sowie Geflügel und Pizza.

Rosmarin:
schmeckt herb-aromatisch und wirkt kreislaufanregend. Er passt sehr gut zu Geflügel, Wild, gegrillten Fisch und Fleisch, Auberginen, Tomaten, Zucchini, Kartoffeln.

Thymian:
schmeckt herb-pikant und sollte sparsam dosiert werden. Er passt gut zu Fisch und Fleisch, zu dunklem Geflügel, Kartoffeln, Tomaten.

Tipps:

Eine besonders gute Methode, mit Kräutern zu aromatisieren, ist folgende:
Wickeln Sie Zweige von eher holzigeren Kräutern wie Rosmarin, Thymian etc. in Alufolie, stechen Sie diese mehrmals ein und platzieren sie die solcherart umwickelten Kräuterzweige nahe der Glut. Der aufsteigende Rauch gibt dem Fleisch einbesonders feines Aroma.

Verwenden Sie nach Möglichkeit immer frische Kräuter. Für den Fall, dass Sie mit getrockneten Kräutern arbeiten wollen, legen Sie sie vor dem Bestreuen des Grillguts in Wasser oder Wein. Getrocknete Kräuter verbrennen nämlich schnell und erzeugen dann einen bitteren Geschmack.

Öl und Gewürzöle

Mit Gewürzölen können Sie speziell sehr mageres Fleisch vor dem Austrocknen bewahren und ihm gleichzeitig ein zartes Aroma verleihen. Streichen Sie das Fleisch dünn damit ein. Gewürzöle verschiedener Aromarichtungen sind fertig erhältlich. Natürlich können Sie sie auch selber einfach und preiswert nach Ihrem eigenen Geschmack herstellen.
Verwenden Sie zum Grillen nur hitzebeständige Öle, wie Sonnenblumen-, Oliven-, Raps- oder Erdnussöl sowie industriell hergestellte Mischöle.

Würziges Grillöl:
2 EL Rosmarin, 2 EL Estragon, ½ TL Salbei, 1 getrocknete, fein geschnittene Chilischote, 3 gehackte Knoblauchzehen, 1 EL Paprikapulver, 1 EL Currypulver, ½ l Oliven- oder Sonnenblumenöl;
Die Kräuter und Gewürze in Öl ansetzen und am besten über Nacht durchziehen lassen.

Marinieren
Das Marinieren ist in erster Linie ein Verfahren, um Lebensmittel wie Fleisch oder Fisch haltbar zu machen oder ihm einem besonderen Geschmack zu verleihen. Beim Grillen wird das Marinieren zumeist des Geschmacks wegen eingesetzt und enthält fast immer auch eine Ölkomponente. Dadurch trocknet das Fleisch nicht aus und bleibt saftig und zart. Das Lebensmittel wird einige Stunden bis zu 3 Tage lang in die Marinade eingelegt. Bestimmte säurehältige Bestandteile der Marinade – wie Essig, Weißwein, Zitronensaft, aber auch Butter- oder Sauermilch – machen das Fleisch mürbe. Der Marinade sollte kein Salz beigegeben werden.
Mariniertes Fleisch nimmt man am besten etwa eine Stunde vor dem Grillen aus dem Kühlschrank. Bevor Sie dieses auf den Rost legen, unbedingt mit Küchenkrepp trocken tupfen! Sie vermeiden damit, dass Öl in die Glut tropft und zur Bildung von Stichflammen und schädlichem Rauch führt.

Je besser die Fleischqualität, umso entbehrlicher sind Öle und Marinaden.

Tipp:

Fleisch und Marinade in ein Tiefkühlsackerl füllen, gut verschließen, durchziehen lassen und öfter wenden. So kann die Marinade von allen Seiten auf das Fleisch einwirken.

Bunte Obstpäckchen mit Ahornsirup-Glace

Zutaten:
200 g Ahornsirup
1 Prise gemahlenen Zimt
Saft von 1 Orange
1 Prise Muskat, gemahlen
¼ TL Pfeffer bunt, gemahlen
1 Schuss Orangenlikör
1 Bananen
1 Apfel
1 Birnen
2 Pfirsiche
Schlagobers (Schlagsahne)

1 Den Ahornsirup mit Zimt und Orangensaft glatt rühren. Dann mit Muskat und Pfeffer pikant abschmecken.

2 Das Obst schälen, in mundgerechte Stücke schneiden und mit Ahornsirup-Glaze vermengen.

3 4 Stück Alufolie ausbreiten (glänzende Seite nach oben) und auf jedes Stück je ein Viertel der glasierten Obstwürfel geben. Die 4 Ecken der Alufolie oben zu einem Päckchen zusammendrehen.

4 Die Obstpäckchen bei mittlerer indirekter Hitze ca. 10 Minuten grillen. Mit einem Tupf Schlagobers und einigen Minze- oder Melisseblättchen garniert servieren.

Variante:

Das fast fertig gegrillte Obst kurz vor Grillende mit der Glasur überpinseln und fertig grillen.

Gegrillte Ananasscheiben

Zutaten:
1 mittelgroße reife Ananas (ersatzweise aus der Dose)
Chiliöl
ca. 20 Scheiben Frühstücksspeck

1 Den Stielansatz der Ananas und die Blattkrone abschneiden und rundherum großzügig schälen, bis keine Schalenansätze mehr zu sehen sind.

2 Nun die Ananas in ca. 1 bis 1 ½ cm dicke Scheiben schneiden und den holzigen Strunk herausschneiden oder ausstechen. Die Ananasscheiben beidseitig mit dem Chiliöl bepinseln und mit je 2 Speckscheiben umwickeln.

3 Auf dem vorgeheizten Grill die Ananasscheiben bei direkter Hitze beidseitig ca. 1 – 2 Minuten grillen bis der Speck knusprig ist.

Varianten:

Kotelett „Hawai“:
Belegen Sie ein Kotelett nach der Wendephase mit einer gegrillten Ananasscheibe und einer Scheibe Käse und grillen es so fertig, bis der Käse zu schmelzen beginnt.

Dessert „Pina Colada Teller“:
Bepinseln Sie die frischen Ananasscheiben vor dem Grillen mit der Mischung aus 2 TL Honig, 1 TL Öl und einer Messerspitze gemahlenem Zimt.
Richten Sie die Ananasscheiben nach dem Grillen mit einer Kugel Kokoseis und einem Tupf Schlagobers an.

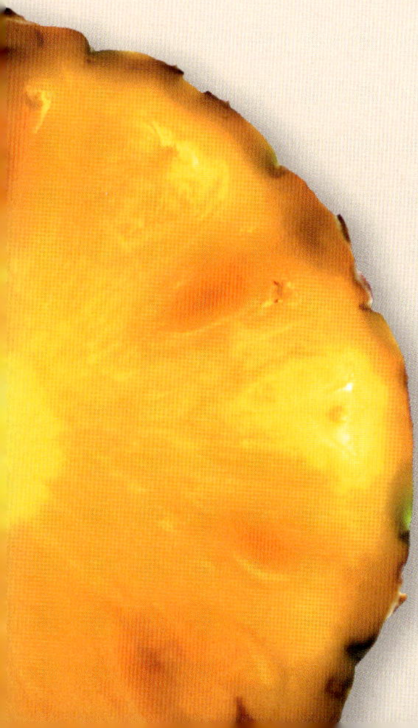

Gefüllte Spitzpaprika Surprise

Zutaten:
4 Spitzpaprika-schoten
250 g Schafkäse
2 cl Olivenöl
5 Knoblauchzehen
Papikapulver
Chilipulver
Pfeffer
Salz
1 TL Basilikum, geschnitten
100 g Faschiertes, gewürzt

1 Die Spitzpaprika waschen, oben aufschneiden und mit einem schmalen Messer entkernen.

2 Nun den Schafkäse mit einer Gabel zerdrücken und mit den restlichen Zutaten außer dem Faschierten eine Fülle herstellen und pikant abschmecken. Die Fülle in die 4 Schoten füllen.

3 Das Faschierte in 4 Teile teilen und damit die gefüllten Paprikaschoten verschließen.

4 Die Spitzpaprika Surprise nun ca. 20 Minuten bei indirekter mittlerer Hitze grillen.

Vegetarische Variante:

Statt dem Faschiertem dem Paprika zum Verschließen wieder die Kappe aufsetzen und in Tomatensauce eingelegt in einer hohen Grilltasse grillen.

Gegrillter Spargel mit Vinaigrette

Zutaten:
1 Bund Petersilie
1 Bund Schnitt-lauch
1 Bund Dill
1 Bund Estragon
1 Zwiebel
3 EL Essig
6 EL Olivenöl, kaltgepresst
1 EL Senf
Salz
schwarzer Pfeffer, frisch gemahlen
3 kg grüner Spargel

1 Für die Vinaigrette die Kräuter und den Zwiebel fein hacken, mit Essig, Öl und Senf verrühren und mit Salz und Pfeffer abschmecken.

2 Das untere Drittel des Spargels schälen und die Enden abschneiden. Dann den Spargel mit etwas Olivenöl bestreichen und direkt bei starker Hitze rundherum grillen, dabei öfter wenden.

3 Insgesamt benötigt der Spargel (je nach Stärke der Stangen) ca. 2 bis 4 Minuten. Nach dem Grillen des Spargels mit etwas Zitronensaft beträufeln sowie salzen und pfeffern.

4 Den gegrillten Spargel auf Teller anrichten und mit der Vinaigrette begießen.

Schinkeneier vom Grill

Zutaten Schinkeneier:

6 Scheiben Toast-schinken
6 Stk. Eier
Kräutersalz
schwarzer Pfeffer, frisch gemahlen
(6er Muffin-Form)

1 Die Schinkenscheiben so in die Vertiefungen der Muffin-Form legen, dass der Schinken Schüsselchen bildet.

2 Je ein Ei aufschlagen und in ein Schinkenschüsselchen gleiten lassen. Nun salzen und pfeffern und bei mittlerer indirekter Hitze ca. 13 bis 15 Minuten grillen (je nach Größe der Eier), bis das Eiweiß fest und der Dotter noch etwas flüssig ist.

3 Mit Hilfe eines Löffels können die Schinkeneier leicht aus der Form genommen und serviert werden.

Tipp:

Die Schinkeneier passen ausgezeichnet als Beilage zu gegrilltem Fleisch oder geben ein deftiges Grill-Frühstück nach einer Grillparty ab.

Knoblauch-Kartoffelscheiben

Zutaten:
1 kg mittelgroße Kartoffeln, festkochend
4 EL Olivenöl
1 TL Italienische Kräuter, getrocknet
1 EL Knoblauch, gepresst
½ TL Salz

1 Die Kartoffeln gut waschen und in ca. 5 mm starke Scheiben schneiden. Die Kartoffelscheiben in Salzwasser ca. 10 Minuten bissfest kochen, abseihen und etwas überkühlen lassen.

2 Das Olivenöl mit den Kräutern, dem Knoblauch und dem Salz zu einer Marinade vermengen. Mit einem Küchenpinsel die Kartoffelscheiben auf einer Seite mit der Knoblauchmarinade bestreichen und aufrecht in eine kleine Grilltasse schlichten, bis die Grilltasse voll ist.

3 Die Kartoffelscheiben in der Grilltasse bei ca. 180 °C indirekt ca. 20 Minuten grillen, bis die Kartoffel heiß sind und „duften“.

Tipp:

Die Kartoffeln können Sie auch schon am Vortag kochen und marinieren und im Kühlschrank bis zum Grillen aufbewahren. Dann allerdings die Kartoffeln rechtzeitig aus dem Kühlschrank nehmen, sonst verlängert sich die Grillzeit.

Curry-Dipp
Gefüllte Champignons

Zutaten
Curry-Dipp

1 Zwiebel
1 EL Olivenöl
1 TL Currypulver
1 EL Marillenmarmelade
1 Prise Salz
125 ml Mayonnaise
1 EL Weißweinessig

1 Die Zwiebel schälen und in feine Würfel schneiden. Öl in einer Pfanne erhitzen und die Zwiebelwürfel darin anbraten, bis sie glasig sind.

2 Currypulver zugeben und für ein bis zwei Minuten anrösten. Die Pfanne vom Herd nehmen und leicht überkühlen lassen.

3 Nun die restlichen Zutaten zugeben und gut verrühren. Den Curry Dipp in ein Schälchen geben.

Zutaten
Gefüllte
Champignons

8 Stk. Riesenchampignons
3 Stk. Lauchzwiebel
1 EL Butter
75 g Kräuterfrischkäse
Salz
weißer Pfeffer, frisch gemahlen

1 Die Champignons putzen (nicht waschen), die Stiele herausdrehen und diese hacken.
Die Lauchzwiebel putzen, in dünne Ringe schneiden, zusammen mit den Champignonstielen in einer Pfanne in der Butter andünsten, salzen und pfeffern.

2 Die Mischung überkühlen lassen und den Frischkäse zugeben.
Nochmals abschmecken, und die Champignonköpfe damit füllen.

3 Auf dem heißen Grill ca. 10 bis 15 Minuten (je nach Größe der Champignons) direkt grillen.

Gegrillte Cherrytomaten

Zutaten

12 Cherrytomaten
2 EL Basilikumbutter
(siehe Seite 87)

1 Cherrytomaten waschen und die Unterseite kreuzförmig einschneiden, mit dem Stilansatz nach unten in eine kleine Grilltasse setzen

2 Jeweils etwas Basilikumbutter auf die eingeschnittenen Paradeiser setzen.

3 Die Grilltasse auf den Rost stellen und die Paradeiser bei indirekter mittelhoher Hitze (ca. 200°C) ca. 10 Minuten grillen.

Gegrillte Zwiebeln

Zutaten:
6 mittlere gleichgroße Zwiebeln
2 dickere Streifen Frühstücksspeck ohne Schwarte
60 g Semmelbröseln
1 TL frischer Salbei, fein gehackt
2 EL Whiskey
2 EL gehackte Petersilie
Salz
schwarzer Pfeffer, frisch gerieben
etwas Muskatnuss, frisch gerieben

1 Die Zwiebeln schälen ohne die Wurzel abzuschneiden, ca. 10 Minuten in Wasser leicht köcheln lassen, gut abtropfen und etwas überkühlen lassen.

2 Mit einem Apfelausstecher die Mitte der Zwiebeln herausstechen und dieses klein hacken, Speck fein würfeln.

3 Speck, Semmelbrösel, Salbei, Whiskey, Petersilie, Salz, Pfeffer, Muskatnuss und kleingehackte Zwiebeln zu einer Masse verarbeiten. Diese Füllung in die ausgehöhlten Zwiebeln verteilen.

4 Die gefüllten Zwiebeln indirekt bei hoher Hitze ca. 10 Minuten grillen.

Tipp:

Die gefüllten Zwiebeln sind eine tolle, deftige Beilage zu gegrilltem Fleisch jeder Art.

Knoblauchcreme
Kräuter-Dipp

Zutaten Knoblauchcreme:

12 Knollen Knoblauch
75 ml Olivenöl
Salz
Pfeffer, weiß

1 Je 4 Stück Knoblauchknollen in Alufolie wickeln. Im vorgeheizten Grill indirekt bei mittlerer Hitze (ca. 180 °C) ca. 1 Stunde grillen.

2 Nach der Garzeit den Knoblauch aus der Folie wickeln und abkühlen lassen. Die Knoblauchzehen aus der Schale drücken und den Knoblauch durch ein Sieb streichen, die entstandene Paste mit dem Öl zu einer Creme verrühren. Mit Salz und Pfeffer abschmecken.

3 In zwei verschließbare Gläser für ca. 125 ml Inhalt (z.B. Marmeladengläser) füllen und fest verschließen. Die so zubereitete Knoblauchcreme hält ca. 6 Monate und passt gut zu gegrilltem Fleisch, Fisch oder Gemüse und schmeckt auch sehr gut auf frisch angegrillten Baguettescheiben.

Zutaten Kräuter-Dipp:

250 g Creme fraiche
250 g Joghurt
2 EL Kapern
1 Bund glatte Petersilie
4 EL grobkörniger Senf
Salz
weißer Pfeffer, frisch gemahlen

1 Creme fraiche und Joghurt miteinander cremig rühren.

2 Kapern und die Petersilie fein hacken und mit dem Senf in die Joghurtmischung rühren. Mit Salz und Pfeffer kräftig abschmecken.

Apfel-Zwiebel-Dipp
Barbecue-Sauce

Zutaten Apfel-Zwiebel-Dipp:

125 g Magertopfen
60 g Mayonnaise
65 g Joghurt
1/2 großen säuerlichen Apfel, gerieben
1/2 Zwiebel, sehr fein gewürfelt
Zitronensaft
Salz
Zucker
Curry
Sojasauce

1 Topfen, Mayonnaise und Joghurt miteinander glatt rühren.

2 Apfel und Zwiebel unterrühren. Mit Zitronensaft, Salz, Zucker, Curry und wenig Sojasauce abschmecken.

Zutaten Barbecue-Sauce:

90 g Zwiebel, fein würfelig
90 g Mixed Pickels, feingehackt
40 g Sauerrahm
15 g Mango Chutney
90 g Ketchup
Salz, schwarzer Pfeffer
Worchestershire-sauce
Tabasco
Petersilie, gehackt

1 Zwiebel, Mixed Pickels, Knoblauch, Sauerrahm, 1 Mango Chutney und Ketchup miteinander zu einer Sauce vermengen.

2 Mit Salz, Pfeffer, Worchestersauce, Tabasco und Petersilie pikant abschmecken.

Senfsauce
Basilikumbutter

Zutaten Senfsauce:

3 EL Senf
2 EL Öl
1 EL Zitronensaft
1 EL Johnnisbeersaft
125 ml Schlagobers (Schlagsahne)
1 Prise Salz
schwarzer Pfeffer, frisch gemahlen
1 Prise Zucker

1. Senf mit Öl, Zitronensaft und Johannisbeersaft glatt verrühren.

2. Schlagobers daruntermischen und mit Salz, Pfeffer und Zucker pikant abschmecken.

Zutaten Basilikumbutter:
250 g Butter
2 handvoll Basilikumblätter
2 Zehen Knoblauch
Salz
Pfeffer

1. Butter einige Zeit vor der Zubereitung aus dem Kühlschrank nehmen, damit sie weich wird.

2. Die Basilikumblätter fein hacken. Die Butter mit Salz und Pfeffer schaumig rühren, den Knoblauch dazupressen und den Basilikum einrühren. Die Butter bis zum Servieren kalt stellen.
Die Basilikumbutter schmeckt hervorragend zu gegrillten Brotscheiben und gibt auch gegrillten Fleischspeisen eine feine italienische Note.

Tipp:

Für die nächste Grillparty die Butter zum Kaltwerden in eine ausgehöhlte rote Paprikaschote füllen. Das sieht sehr dekorativ aus und lässt sich auch gut verschenken wenn man eingeladen ist.

Kapern-Paradeiser-Butter
Rotwein-Schalotten-Butter

Zutaten Kapern-Paradeiser-Butter:

125 g Butter
1 Zehe Knoblauch, gepresst
1 EL Paradeiser (Tomaten) aus der Dose, fein gehackt
½ EL Kapern, fein gehackt
½ TL Balsamico Essig
Salz
Pfeffer, frisch gemahlen

1 Butter einige Zeit vor der Zubereitung aus dem Kühlschrank nehmen, damit sie weich wird.

2 Die Butter schaumig rühren, den Knoblauch, die Paradeiser, die Kapern darunter mischen, mit Balsamico-Essig sowie Salz und Pfeffer abschmecken. Die Butter bis zum Servieren kalt stellen.

Zutaten Rotwein-Schalotten-Butter:

3 Stk. Schalotten
125 ml Rotwein
125 g Butter
¼ TL Salz
1 Msp. Pfeffer, weiß
etwas Thymian, gehackt
etwas Rosmarin, gehackt

1 Die Schalotten schälen und fein hacken. Dann so lange im Rotwein köcheln lassen, bis die Flüssigkeit fast verdampft ist.

2 Die Rotweinschalotten abkühlen lassen und währenddessen die Butter schaumig rühren.

3 Die Schalotten unter die Butter rühren, mit dem Salz und den Gewürzen pikant abschmecken und die Rotwein-Schalottenbutter kalt stellen.

Paprika-Kresse-Butter Bruschetta

Zutaten Paprika-Kresse-Butter:

375 g Butter
5 EL roter Paprika, fein gewürfelt
4 EL Kresse, klein geschnitten
Salz

1 Butter einige Zeit vor der Zubereitung aus dem Kühlschrank nehmen, damit sie weich wird.

2 Die Butter schaumig rühren und die Paprikawürfelchen und die Kresse unterrühren. Mit Salz abschmecken und die Butter kalt stellen.

Zutaten Bruschetta:

300 g Fleischtomaten
frische Kräuter wie Basilikum, Oregano
1 bis 2 Zehen Knoblauch, je nach Geschmack
20 g Lauchzwiebel
250 g Ciabatta
Salz
Schwarzer Pfeffer, frisch gemahlen
Olivenöl

1 Fleischtomaten kurz in kochendem Wasser überbrühen, schälen und entkernen. Das Fruchtfleisch in kleine Würfel schneiden.

2 Basilikum und Oregano hacken, Knoblauch abziehen und pressen, Lauchzwiebel schälen und in feine Ringe schneiden. Diese mit den Tomatenwürfeln, den Kräutern und dem Knoblauch mischen und mit Salz und Pfeffer würzen.

3 Ciabatta in Scheiben schneiden, Olivenöl darauf träufeln und auf diese die Tomatenmischung verteilen.

4 Nun die Bruschettas im Grill indirekt bei mittlerer Hitze 4 – 5 Minuten grillen bis das Brot knusprig und die Tomatenmischung warm ist. Alternativ kann man die Tomatenmischung auch erst auf die bereits gegrillten Ciabattascheiben streichen.

Variante:

Ciabattascheiben mit einer Mischung aus 2 Packungen zerdrücktem Schafkäse, ½ Bund geschnittenem Rucola und 3 EL Walnussöl bestreichen. Mit gehackten Walnusskernen bestreut servieren.

Gegrillte Bananen

Zutaten

4 Bananen
125 ml Becher Schlagobers (Schlagsahne)
1 Pack. Vanillezucker
4 EL brauner Zucker
2 EL Rum (oder Amaretto, Whiskey etc.)

1 Die Bananen mit Schale auf direkter mittlerer Hitze ca. 10 Minuten unter Wenden grillen bis die Schale schwarz wird.

2 Das Schlagobers mit dem Vanillezucker steif schlagen.

3 Die gegrillten Bananen vom Grill nehmen und auf einem Teller der Länge nach halbieren.

4 Die Schnittflächen mit dem braunen Zucker bestreuen und den Rum darübergießen.

5 Das Vanilleschlagobers entweder als Haube auf den Bananen verteilen oder als Tupf daneben platzieren.

Tipp:

Wenn Kinder mitessen, den Alkohol weglassen und die Bananen statt dessen mit Schokostreuseln bestreuen.

Variante:

Wenn Sie hochprozentigen Rum verwenden, können Sie die Bananen damit flambieren.

Special 4 kids: Mega-Würstel-Spieße

Zutaten:
1/2 Paprika, grün
1/2 Paprika, gelb
3 Stk. Grillwürstel
4 Stk. Kirsch-paradeiser (Cherrytomaten)
4 Holzspieße

1 Die Paprika putzen und in Stücke schneiden. Die 4 Holzspieße quer durch 1 Grillwürstel stecken, dann auf die Spieße jeweils einen Kirschpradeiser stecken.

2 Anschließend das zweite Würstel quer auf die Spieße stecken, dann die gelben Paprikastücke, das dritte Würstel und zum Schluß die grünen Paprikastücke.

3 Nun sollen die drei Grillwürstel durch die 4 Spieße verbunden sein und man hat einen Mega-Würstel-Spieß.

Kinder lieben diesen Spieß, weil er lustig aussieht. Wenn Sie unter Aufsicht beim Grillen helfen dürfen, tun sie sich beim Wenden dieses großen Spießes leichter als mit einem Einzelnen.

Variante Süßer-Mega-Spieß:

Schneiden Sie Bisquit in 3 cm breite Streifen, die zirka so lang sind wie eine Banane. Spießen Sie wieder mit 4 Spießen abwechselnd durch Bisquitstreifen und Bananen. Dieser Spieß kann auch gegrillt werden, belegen Sie nach dem letzten Wenden die Spieße mit Schokoladenstückchen und lassen Sie diese darauf schmelzen.

Inhalt

VERLAG 66

Besser Grillen

Rezepte, Tipps und Tricks
von Grill-Champion Adi Matzek.

Profitipps aus erster Hand - die optimale Ausstattung, das geeignete Zubehör, richtiges Einkaufen und die besten Rezepte für den perfekten Grillspaß.

96 Seiten, 16 x 21,5 cm, Euro 7,90
ISBN 3-902211-35-0

Pfiffige Salate

Rezepte, Tipps und Tricks von Theresia Kalteis

Schnell und einfach - leichte und geschmackvolle Salatgerichte selbst gemacht. Richtig einkaufen im Supermarkt um die Ecke, das ideale Dressing, geschmackvolles Anrichten und erfrischend leichte Rezepte für jeden Geschmack.

96 Seiten, 16 x 21,5 cm, Euro 7,90
ISBN 3-902211-33-4

Coole Drinks für jede Jahreszeit

Rezepte, Tipps und Tricks
von Barkeeper Thomas Krall

Erfrischend an heißen Tagen, gesunde Alternativen oder wärmende Heißgetränke für kalte Wintertage leicht gemacht. - „Coole Drinks für coole Momente.“

96 Seiten, 16 x 21,5 cm, Euro 7,90
ISBN 3-902211-34-2